A Ideia do Bem Entre Platão e Aristóteles

Hans-Georg Gadamer nasceu em Marburg, Alemanha, em 1900. É considerado um dos maiores expoentes da hermenêutica filosófica, graças à sua obra mais significativa, *Wahrheit und Methode* [Verdade e método]. Gadamer faleceu Heidelberg, em 2002, aos 102 anos. Escreveu, entre outros livros, *O caráter oculto da saúde, Hermenêutica em retrospectiva, A razão na época da ciência, Hermenêutica da obra de arte*.

Hans-Georg Gadamer
A Ideia do Bem Entre Platão e Aristóteles

Tradução
TITO LÍVIO CRUZ ROMÃO

Esta obra foi publicada originalmente em alemão com o título
DIE IDEE DES GUTEN ZWISCHEN PLATO UND ARISTOTELES
por Universitätsverlag C. Winter, Heidelberg.
Copyright © 1978 Carl Winter Universitätsverlag, Heidelberg.
Todos os direitos reservados.
A tradução desta obra foi apoiada pelo Goethe-Institut, financiado pelo
Ministério das Relações Exteriores da Alemanha.
Copyright © 2009, Editora WMF Martins Fontes Ltda.,
São Paulo, para a presente edição.

1ª edição 2009
2ª edição 2024

Tradução
TITO LÍVIO CRUZ ROMÃO

Acompanhamento editorial
Luzia Aparecida dos Santos
Preparação do original
Renato da Rocha Carlos
Revisões
Helena Guimarães Bittencourt
Maria Fernanda Alvares
Produção gráfica
Geraldo Alves
Paginação
Studio 3 Desenvolvimento Editorial
Capa
Katia Harumi Terasaka Aniya

Dados Internacionais de Catalogação na Publicação (CIP)
(Câmara Brasileira do Livro, SP, Brasil)

Gadamer, Hans-Georg, 1900-2002.
  A ideia do bem entre Platão e Aristóteles / Hans-Georg Gadamer ; tradução Tito Lívio Cruz Romão. – 2. ed. – São Paulo : Editora WMF Martins Fontes, 2024. – (Métodos)

  Título original: Die Idee des Guten zwischen Plato und Aristoteles.
  ISBN 978-85-469-0631-4

  1. Aristóteles - Ética 2. Filosofia antiga 3. Platão - Ética
I. Título. II. Série.

24-214455   CDD-180

Índices para catálogo sistemático:
1. Filosofia antiga   180

Cibele Maria Dias - Bibliotecária - CRB-8/9427

Todos os direitos desta edição reservados à
Editora WMF Martins Fontes Ltda.
Rua Prof. Laerte Ramos de Carvalho, 133 01325.030 São Paulo SP Brasil
Tel. (11) 3293.8150 e-mail: info@wmfmartinsfontes.com.br
http://www.wmfmartinsfontes.com.br

ÍNDICE

Discurso preliminar 1
Apresentação do problema 9

I. Conhecimento e não conhecimento socrático..... 35
II. O conhecimento do Bem e a *pólis* 65
III. A dialética do Bem no *Filebo* 105
IV. A crítica aristotélica à ideia do Bem.................... 127
V. A ideia da "filosofia prática"................................. 155

DISCURSO PRELIMINAR

É verdade que Hegel entendeu de forma congenial o teor especulativo existente tanto na teoria das ideias de Platão quanto na ontologia substancial de Aristóteles. Nesse sentido, foi o primeiro a romper, em tempos mais recentes, o esquema interpretativo da teoria platônica das ideias, marcado por Aristóteles e desenvolvido posteriormente através do "neoplatonismo" e da tradição cristã. Igualmente, não se pode negar a influência decisiva que Hegel exerceu sobre a pesquisa histórico-filosófica. Bons aristotélicos, entre os quais Trendelenburg ou Eduard Zeller, são-lhe muito gratos, sobremodo por ter sido ele o primeiro a explorar o significado filosófico dos diálogos "esotéricos" e "dialéticos" de Platão. Não obstante, segundo me parece, não se deu a devida atenção, no período posterior e até nossos dias, à unidade eficaz que une a filosofia do *lógos* platônico-aristotélica e que não ficou oculta a Hegel.

Tal fato se deve a diversos motivos. Sem dúvida, por trás da interpretação neokantiana de Cohen, Natorp e de seus seguidores (Cassirer, N. Hartmann, Hönigswald,

Stenzel) havia um hegelianismo secreto e inconfesso. Todavia, para a própria consciência dessas gerações de pesquisadores, era exclusivamente Platão e não, de forma alguma, Aristóteles quem correspondia à intenção crítico-idealista por eles representada. Por último, a transformação dogmática que Aristóteles experimentara na ala católica através do neotomismo dominante, por um lado, e a velha inimizade visceral nutrida pelas ciências naturais modernas contra a teleologia natural aristotélica e contra a filosofia natural idealista, por outro, impediram um completo desenvolvimento ulterior dos juízos emitidos por Hegel. Além disso, a interpretação neokantiana de Platão, sobretudo a desenvolvida por Paul Natorp, ao fazer uma aproximação entre Platão e Galileu, procedera de modo demasiado provocativo contra o texto grego e de maneira insensível para com as diferenças históricas, ao interpretar "a ideia" como "a lei natural". A partir da interpretação neokantiano-idealista da obra de Platão, a crítica aristotélica a Platão somente poderia soar como um mal-entendido absurdo. Isso também contribuiu para o desconhecimento da unidade eficaz platônico-aristotélica, impedindo a completa aplicação do legado grego em prol de nosso próprio pensamento filosófico. Em geral, aceitavam-se comparações triviais e ingênuas, tais como: "Platão, o idealista", "Aristóteles, o realista". Elas eram o testemunho de um verdadeiro abismo de parcialidade no campo da consciência idealista. Do mesmo modo, o esquema inspirado por Hegel, segundo o qual o pensamento grego ainda não teria logrado pensar o Absoluto como Espírito, Vida, Percepção de Si, não era propício à correta apreciação do significado fundamental que tinha o pensamento grego para a filosofia recente.

Quando eu mesmo, motivado pela ruptura de Nicolai Hartmann com o idealismo neokantiano, procurei penetrar o pensamento aristotélico, no que tanto a pesquisa francesa quanto a inglesa se mostraram muito úteis (Robin, Taylor, Ross, Hardie e sobretudo o incomparável Hicks), muito ainda faltava para se compreender a unidade da filosofia do *lógos*, que teve início com a questão socrática e rapidamente decaiu no período pós-aristotélico, mas que marcou, de forma duradoura, toda a conceptualidade do pensamento ocidental. Meu encontro com Heidegger àquela época foi decisivo para mim. Ele experimentara não apenas a tradição católica do aristotelismo, mas também o neokantismo, tendo fortalecido, na minuciosa arte conceptual de Husserl, a perseverança e a força intuitiva, predicados indispensáveis para se filosofar com Aristóteles. E vejam só: ali surgia um advogado de Aristóteles que, no tocante à naturalidade e ao frescor de sua escrita, em muito superava todos os aspectos tradicionais do aristotelismo, do tomismo e – por que não dizer? – do hegelianismo. Até nossos dias, quase nada se fez conhecer sobre esse fato. Não obstante, sua eficácia pôde-se manifestar no âmbito acadêmico do ensino, e meu próprio caminho viu-se marcado a partir de então. Quando, no ano de 1931, publiquei meu primeiro livro, *Platos dialektische Ethik* [A ética dialética de Platão], havia-se evidenciado para mim, pelo menos no campo da filosofia prática, a convergência entre as intenções de pensamento platônicas e as distinções conceptuais aristotélicas.

Por aquele tempo, alguma coisa já emergia do restrito contexto de problemas da filosofia prática. Tratava-se do problema de método, que consistia em nossa tradição nos ter conservado duas coisas tão desiguais (os diálogos redigidos por Platão e os manuscritos de trabalho de Aristóteles), em não contarmos com uma elaboração teórica autêntica dos ensinamentos platônicos e em não podermos, por outro lado, ler os manuscritos aristotélicos que ele tornara públicos. Vemo-nos, então, sempre obrigados a confrontar desigual com desigual. A arte fenomenológica da descrição, que pude aprender um pouco com Husserl e Heidegger, foi uma ajuda em minhas primeiras tentativas de me assenhorear dessa dificuldade no campo do método. Nem a forma mimética de comunicação dos diálogos nem a forma protocolar dos escritos aristotélicos podem exigir autenticidade perante a interpretação material que neles se apoia.

Já transcorreu quase meio século. De ambos os lados, o problema de método foi atenuado sob alguns aspectos: do lado aristotélico, por intermédio de Werner Jaeger e seus discípulos; do lado platônico, em época mais recente, por meio de representantes da Escola de Tübingen, que absorveram sobretudo os impulsos de Robin. Os estímulos filosóficos que eu próprio recebera de Heidegger foram-me conduzindo, cada vez mais, para as áreas da dialética, tanto platônica quanto hegeliana. Ao longo de décadas, minha atividade na área de ensino foi dedicada à elaboração e à experimentação daquilo que aqui designei como unidade eficaz platônico-aristotélica. Por trás de tudo havia, porém, o constante desafio que o caminho do pensamento de Heidegger para mim representava e sobremaneira sua interpretação de Platão como o passo decisivo em direção ao esquecimento do Ser do "pensamento metafísico". Um testemunho de como tentei vencer teoricamente esse desafio foi eu ter elaborado o esboço de uma hermenêutica filosófica em *Wahrheit und Methode* [Verdade e método]. Os estudos citados a seguir, que se unem a outros pequenos módulos por mim compilados, também têm por fito deixar aberto o caminho para a dialógica de Platão e para a dimensão especulativa que Platão, Aristóteles e Hegel têm em comum enquanto parceiros do diálogo contínuo da filosofia. Trata-se dos seguintes trabalhos:

Zur Vorgeschichte der Metaphysik [Sobre a pré-história da metafísica] (1950), in: *Um die Begriffswelt der Vorsokratiker* [Em torno do mundo conceptual dos pré-socráticos], 1968, Wiss. Buchgesellschaft Darmstadt, pp. 364-90.
Antike Atomtheorie [Teoria atomística antiga], idem, pp. 512-33.
Plato und die Dichter [Platão e os poetas] (1934), in: *Platos dialektische Ethik* [A ética dialética de Platão], 2.ª edição, 1968.
Platos Staat der Erziehung [O Estado da educação de Platão] (1941), idem.
Dialektik und Sophistik im VII. Platonischen Brief [Dialética e sofística na Carta VII de Platão] (1962), ibidem.
Amicus Plato magis amica veritas (1968), ibidem.
Vorgestalten der Reflexion [Pré-formas da reflexão] (1966), in: *Kleine Schriften* III [Pequenos escritos III], 1972.
Platon und die Vorsokratiker [Platão e os pré-socráticos] (1964), idem.
Platons ungeschriebene Dialetik [A dialética não escrita de Platão] (1968), ibidem.
Über das Göttliche im frühen Denken der Griechen [Sobre o divino nos primórdios do pensamento grego] (1970), ibidem.
Gibt es die Materie? Eine Studie zur Begriffsbildung in Philosophie und Wissenschaft [A matéria existe? Um estudo sobre a conceptualização na filosofia e na ciência], in: GIANNARÁS, V. A. (org.), *Convivium Cosmologicum*. H. Hönl z. 70. Geb. [Edição comemorativa pelo 70.º aniversário de H. Hönl], 1973, Schwabe, Basileia, pp. 93-109.
Die Unsterblichkeitsbeweise in Platons "Phaidon" [As provas de imortalidade no "Fédon" de Platão], in: FAHRENBACH, H. (org.), *Wirklichkeit und Reflexion* [Realidade e reflexão]. W. Schulz z. 60. Geb. [Edição comemorativa pelo 60.º aniversário de W. Schulz], 1973, Neske, Pfulingen, pp. 145-61.
Idee und Wirklichkeit in Platos "Timaios" [Ideia e realidade no "Timeu" de Platão], 1974, Winter, Heidelberg, Sitzungsberich-

te d. Heidelberger Akademie der Wissenschaften [Atas das reuniões da Academia de Ciências de Heidelberg].

Vom Anfang bei Heraklit [Sobre o início em Heráclito], in: SCHUBLER, I.; JANKE, W. (orgs.), *Sein und Geschichtlichkeit* [Ser e historicidade]. K. H. Volkmann-Schluck z. 60. Geb [Edição comemorativa pelo 60.º aniversário de K. H. Volkmann-Schluck], 1974, Klostermann, Frankfurt/M., pp. 3-14.

Plato und Heidegger [Platão e Heidegger], in: GUZZONI, U.; RANG, B.; SIEP, L. Der Idealismus und seine Gegenwart [O idealismo e seu presente]. Festschrift für Werner Marx z. 65. Geb. [Edição comemorativa pelo 65.º aniversário de Werner Marx], 1976, Meiner, Hamburgo, pp. 166-75.

Philosophie und Religion im griechischen Altertum [Filosofia e religião na antiguidade grega], in: *Festschrift für Wilhelm Anz* [Edição comemorativa para Wilhelm Anz], 1975, não impressa.

Por duas vezes, proferi palestras perante a Academia de Ciências de Heidelberg a partir desses estudos: no dia 22 de junho de 1974 e no dia 10 de janeiro de 1976 (cf. Anuário da Academia dos anos 1974 e 1976). O trabalho aqui apresentado consiste em mais um estudo, ao qual ainda espero acrescentar outros trabalhos. Dificilmente chegará a constituir uma verdadeira totalidade[1].

Observar-se-á que pouco me referi à pesquisa mais recente. Não me sinto em condições de apreendê-la em sua abrangência. Além disso, os pressupostos de minha própria interpretação diferem em demasia dos defendidos por outros pesquisadores. Deve-se entender o presente estudo como uma tentativa de ler os clássicos gregos do pensamento de uma forma bem diferente, não à luz da superioridade crítica da Modernidade, que se

---

1. Da mesma forma que o trabalho aqui apresentado não constitui uma totalidade, e sim uma série de conjecturas e observações referentes à questão levantada.

acredita detentora de uma lógica infinitamente sofisticada para além dos antigos, mas com a convicção de que "filosofia" é um acontecimento constante do ser humano, que o caracteriza como ser humano, e de que aí não existe nenhum progresso, mas apenas participação. Isso ainda pode ser válido também para uma civilização como a nossa, marcada pela ciência, soa inverossímil, mas parece-me verdade.

APRESENTAÇÃO DO PROBLEMA

Ao examinar os últimos 50 anos na área da pesquisa em filosofia antiga (e já se passaram mais de 50 anos desde que Werner Jaeger deu novos e importantes impulsos à investigação filosófica com sua obra calcada em Aristóteles), vemo-nos, diante dos resultados obtidos com os diversos estudos, envolvidos em uma situação cada vez mais embaraçosa. Na obra de Werner Jaeger, ainda reinava um esquema simples que marcou a evolução de Aristóteles do platônico para o crítico da teoria das ideias de Platão e, finalmente, para o empírico. É certo que, já àquela época, era possível duvidar da validade universal desse esquema. Contudo, aquilo que Jaeger, partindo da análise histórico-literária da metafísica aristotélica, extrapolou para a frente e para trás como uma linha evolutiva do afastamento da teoria das ideias pelo menos continha inequivocidade, independentemente de suas análises lançarem luz sobre o estado redacional artificial do *corpus* aristotélico. Na construção de Jaeger, por aquele tempo certamente já chamava a atenção o fato de sua "protofísica" apresentar contornos muito menos palpáveis que sua "protometafísica" e de não encontrar nenhum sustentáculo histórico-literário realmente irretorquível no legado dos livros de física. Além disso, o desenvolvimento da ética aristotélica, que Jaeger, ainda com uma certa superficialidade arrojada e pela avaliação partícipe da *Ética eudemeia*, adaptara à sua construção, logo encontrou oposição justificada, sobretudo por causa da posição problemática que o *Protréptico* assumia nesse contexto. Entrementes, pode-se também fazer um cotejo com J. Düring[0]. Hodiernamente, já se deveria ter como certo que nós, em todo o legado de Aristóteles, não retornamos, nenhures, a um ponto em que Aristóteles tenha deixado de criticar a teoria das ideias de Platão, da mesma forma que não chegamos a nenhum ponto em que ele também tenha deixado de ser um platônico. Partindo desse pressuposto, aquilo que representava um platônico vê-se lançado em uma nova esfera de questionamento.

Esse fato tem repercussões sobre nosso entendimento sobre Platão. Se, no tocante a Aristóteles, desvaneceu, em grande parte, a esperança de podermos reconhecer fases evolutivas de seu pensamento em seus escritos, também nos questionamos se o mesmo não ocorreria com Platão, e se o exame histórico-genético dos escritos platônicos, como é realizado atualmente, também estaria bastante fundamentado. Na atualidade, a ideia predominante nessa área pressupõe que a teoria dogmática das ideias, que provavelmente foi ensinada por Platão no início e, com as novas cores neoplatônicas, marcou o entendimento da filosofia platônica como uma teoria de dois mundos, mais tarde teria sido revogada ou

---

0. J. Düring, *O Protréptico de Aristóteles* (1961).

pelo menos atenuada pelo próprio Platão com uma revisão crítica. Ainda hoje, muitos estudiosos defendem com veemência que o diálogo platônico *Parmênides* seria o testemunho dessa autocrítica.

Ora, soa bastante fatal que a tradição clássica não saiba relatar nada, nem acerca de Platão nem de Aristóteles, sobre uma transformação dessa natureza (se abstrairmos da única observação feita em *Met*. M 4,1078b10, que deixa a teoria dos números aparecer como uma forma posterior da teoria das ideias). Aristóteles cita tanto o *Fédon* quanto o *Parmênides* e o *Timeu*, não parecendo ter notado absolutamente que o próprio Platão tenha alguma vez posto em dúvida sua teoria dogmática das ideias. Na verdade, para o leitor moderno, é de uma impertinência até mesmo absurda o modo como o Platão tardio, o do diálogo *Parmênides*, parece tão verdadeiramente igual a seu antigo crítico Aristóteles na crítica à teoria das ideias. Até mesmo o célebre argumento do Terceiro Homem encontra-se, como é sabido, tanto no *Parmênides* quanto na crítica das ideias da metafísica aristotélica. Sem dúvida, a pior de todas as hipóteses seria supor que Aristóteles teria ignorado a "autocrítica" já tecida por Platão e repetido friamente os argumentos críticos de Platão em sua própria crítica platônica.

Um quadro ainda mais feio é a imagem que a evolução aristotélica conferiu à ética. O suposto desenvolvimento de uma "política das ideias" (no *Protréptico*), passando pelo afastamento ainda hesitante de Platão na *Ética eudemeia*, até chegar à posição "madura" e segura de si da *Ética nicomaqueia*, revela-se uma construção arbitrária e contraditória. Sobretudo se considerarmos os diálogos tardios de Platão, a construção de Jaeger perde sua força persuasiva. Pois o *Filebo* e o diálogo do *Político* teriam avançado tão além dos supostos primórdios platonizantes da ética aristotélica que sem dúvida se poderia indagar quem realmente critica quem aqui. Aos poucos se vai rompendo o esquema evolutivo: suposição de ideias isoladas / participação dos fenômenos nas ideias / dialética da ideia e do fenômeno / e no final a equação de ideia e número.

Será que Platão realmente subestimou, no início, o problema da participação dos fenômenos nas ideias? Teria ele ensinado um isolamento das ideias, até um dia reconhecer que o problema da participação, no caso de tal suposição de ideias isoladas, é simplesmente insolúvel? Ou será que ambas as hipóteses estão irmanadas: o isolamento das ideias, o chamado corismo, e a perplexidade diante da participação, a chamada *méthexis*, à qual com isso nos expomos? E talvez já desde o início? Será que, no final, Platão tinha por objetivo, na pretensa autocrítica, essa bilateralidade das coisas e, no *Parmênides*, a intenção de rechaçar as simplificações do conceito dogmático de uma teoria das ideias que se queria poupar da dialética?[1] Será que a verdadeira intenção de Platão no *Parmênides* seria alçar na consciência a questão ontológica de como ideia e fenômeno estão ligados, a tal ponto que, diante do despropósito das soluções discutidas, o próprio questionamento é conduzido a sua dogmática implícita? Em todo caso, salta aos olhos que toda a terminologia empregada nos diálogos tendo como objetivo a relação entre ideia e fenômeno seja de extrema liberalidade: os termos *parussia, symploké, koinonía, méthexis, mímesis, míxis* encontram-se uns ao lado dos outros.

---

1. Talvez esse fosse o objetivo da crítica ao Sócrates ainda demasiado jovem. *Parm.* 135d.

Entre essas expressões, o termo *méthexis* recebeu maior destaque no final, tanto no diálogo *Parmênides* quanto na crítica aristotélica: essa palavra é, como parece, um neologismo platônico para a "participação" do Individual no Geral, uma problemática desenvolvida sobretudo no *Parmênides*. Além disso, partindo da observação aristotélica de que Platão teria seguido a filosofia pitagórica, quase se pode concluir apenas que esta falava de uma *mímesis* das coisas perante os números, ou seja, da representação visível das relações numéricas puras na ordem celestial e na teoria da harmonia musical, Platão faria uso de outra palavra: *méthexis*[2].

Por meio do novo termo, como me parece, Platão quer destacar a relação lógica do Múltiplo para o Uno, o Conjunto, a qual não estava implícita em *mímesis* nem na relação entre Número e Ser, na relação da "harmonização do Ser" (J. Klein[3a]). E mais ainda: atentando para a série de sinônimos enquanto tais, far-se-á mister entender *méthexis*, da mesma maneira que *mímesis*, "mais objetivamente". Assim como *mímesis* significa o Ser no Mundo do imitado, do representado, *méthexis* quer dizer o Co-Ser no Mundo com algo. Assim como a *participatio* latina e a *Teilhabe* [participação] alemã, a palavra *méthexis* certamente implica a ideia de partes, como mostra o antigo uso do termo μετέχειν[3]. É exatamente isso que a

---

2. O registro desse termo em Heródoto 1,144 é prova de que existiu enquanto tal (na forma iônica μετοχή, usada por Aristóteles). Aqui se trata, todavia, de seu emprego conceptual.

3a. J. Klein, *Die griechische Logistik*: Quellen und Studien III 1.2 [A logística grega. Fontes e estudos III 1.2] (1934, 1936).

3. O significado dominante estava claro: participar de uma coisa. Mas participar de uma coisa em conjunto aproxima os partícipes reciprocamente.

nova palavra enfatiza: a Parte pertence ao Todo. Igualmente, naquela que talvez seja a alusão mais antiga a essa ideia, no *Eutífron*, a questão é colocada de forma tal que o ὅσιον poderia ser um μόριον do δίκαιον[4]. Em primeiro lugar, isso significa: onde está Um também está o Outro. A Parte está "no Todo". Mas parece claro que Platão tinha plena consciência do paradoxo de uma participação que não toma uma Parte, mas que toma parte do Todo (como o dia toma parte da luz do Sol), como mostra o trecho do *Parmênides* e como confirma, de forma indireta, a "série de sinônimos" por mim mencionada acima. A aporia do Todo e das Partes, como já mostrei em outra oportunidade[5], está sempre à espreita por detrás da dialética da ideia e do fenômeno, unicidade e multiplicidade.

Na mensagem aristotélica, ainda se encontra outra implicação encoberta por Aristóteles. A mudança do termo *mímesis* para *méthexis* não é uma variante terminológica inofensiva, como faz soar Aristóteles; ela reflete a evolução decisiva de Platão para a distinção entre *éstesis* e *nóesis*, ou seja, o passo para o primeiro entendimento da matemática como uma ciência "eidética". Enquanto tal feito não era alcançado (pelo visto, os pitagóricos ainda não o haviam alcançado), os números podiam realmente parecer os paradigmas essentes aos quais tendem a se dirigir os fenômenos. O torturar das cordas (*Rep.* 531b) exprime muito bem esse afã de aproximação que ganha algo de ridículo no momento em que as condições "puras" são pensadas como tais. A existência de tais con-

---

[4]. É exatamente neste uso da participação no gênero da espécie que mais tarde a palavra μετοχή torna-se claramente terminológica.

[5]. Cf. meu artigo em *Anteile*: "Zur Vorgeschichte der Metaphysik" (1949), agora in: *Aus der Begriffswelt der Vorsokratiker* (1968).

dições é expressa pelo Ser-χωριστόν. É que não existe um Ser mais ou menos 1:2.

Com isso, porém, a *mímesis* passa a ser uma expressão inadequada. É claro que descrever o mundo dos fenômenos como *mímesis* das condições matemáticas puras, isto é, como meras aproximações, mantém um certo sentido metafórico – e, dessa forma, a expressão permanece, juntamente com o par de conceitos "imagem" e "protoimagem", uma expressão possível desde *Fédon* até *Timeu*. Em contrapartida, *méthexis* descreve a partir do outro lado, a partir do Ser das condições puras, deixando indeterminado o *status* ontológico do partícipe. O *Filebo* simplesmente pode formular o mesmo como γένεσις εἰς οὐσίαν[6]. Além disso, a nova expressão *méthexis* presta-se melhor ao contexto eleático de problema em torno do Uno, do Todo, do Ser, que Platão seguiu desenvolvendo. Por essa razão, ele aceita que a dialética do Todo e das Partes passa pela relação entre Multiplicidade e Unicidade. Partes e elos pertencem ao Todo[7], de que são partes e elos. Isso pode parecer trivial. Mas o que significa isso para a relação do Múltiplo com o Uno, isto é, para a participação na Ideia? O *Filebo* coloca essa questão – e, seja qual for a solução, o fato de "os Múltiplos", que não são "Ser", mas "Gênese", pertencerem ao Ser como partes e elos proíbe toda e qualquer interpretação dogmática do corismo. De resto, isso não impede que a dialética entre ὅλον e μέρος tenha uma grande importância para Platão tanto no *Sofista* quanto no *Parmênides* e no *Filebo*. Ela desvela a multiplicidade no *lógos* do Ser. Na verdade, no próprio poema didático *Parmênides*, toda a temática do

---

6. *Fil.* 26d$_8$.
7. *Fil.* 14e$_1$ τὰ μέλη τε καὶ ἅμα μέρη.

lógos, da "multiplicidade" das palavras (nomes) para o Ser Uno, fica totalmente sombreada, e só o *Sofista* platônico virá trazer um pouco de luz a essa escuridão, não só por sua crítica ao *Parmênides*, mas também por mostrar os entrelaçamentos das espécies mais elevadas[8].

A mesma liberalidade na interpretação da relação entre Ideia e Fenômeno parece ter dominado na Escola Platônica, na medida em que podemos depreender algo sobre os discípulos de Platão através das informações deixadas pelos clássicos da Antiguidade[9]. Eudoxos, à guisa de exemplo, da maneira como o conhecemos a partir de Alexandre[9a], ensinou explicitamente a imanência das Ideias nos Fenômenos; para tanto, utilizou o termo *míxis*, que também encontramos com frequência nos diálogos platônicos. No final, a liberalidade de Platão teria ido tão longe, que ele teria admitido não só diversas teorias sobre a relação das Ideias com os Números e as Coisas, como também a contestação aristotélica do Ser autônomo das ideias? Afinal de contas, é certo, e hoje ninguém mais iria contestá-lo seriamente, que Aristóteles desde o início criticou a teoria das ideias de Platão, embora fosse e tenha permanecido platônico até em suas obras tardias.

Ao comparar as ideias de Aristóteles com teorias mais antigas ou mais tardias de pensadores gregos, não

---

8. Mais detalhes a esse respeito em meu trabalho "Zur Vorgeschichte der Metaphysik", in: *Anteile*, 1949.

9. Uma tentativa de retomar a discussão deste problema à luz do desenvolvimento histórico foi empreendida por H. J. Krämer in: *Arch. F. Gesch. D. Ph.* Cf. nota na próxima página.

9a. Cf. a esse respeito J. Düring, pp. 244 (com notas bibliográficas) e 253.

se pode duvidar de que, no final das contas, ele deve ser considerado como pertencente à filosofia do *eîdos*, que Platão fundamentou pela introdução das ideias e da dialética. O próprio Aristóteles não deixa pairar nenhuma dúvida sobre isso, ao verificar no panorama crítico da *Met.* A que somente com os pitagóricos e Platão existe uma saída pelo esquema explicativo dos "fisiólogos" – ὕλη e ὅθεν ἡ κίνησις – e ao conceder-lhes a determinação do τί ἐστι: 987a$_{20}$ aos pitagóricos, 988a$_{10}$ e sobretudo 988a$_{35}$ a Platão. Nem a atomística ou Anaxágoras, nem a Escola Estoica e, no Perípatos, talvez nem mesmo um homem como Straton deixam-se interpretar, como fazia Aristóteles, a partir dos λεγόμενα, ou seja, à luz da "fuga nos *lógoi*" platônica. Continua a haver essa orientação por meio dos λόγοι quando Aristóteles faz valer enfaticamente o primado de realidade do Único (τόδε τι) contra o destaque ontológico que Platão dá à Ideia. Essa primeira "substância" exclui tão pouco o *eîdos* que naturalmente existe uma relação indissolúvel entre aquela "segunda" substância do *eîdos*, que responde ao τί ἐστι, e a "primeira" substância de cada Isso[10].

Se eu aqui me explicitar por meio dos conceitos do (contestável) *Livro das categorias*, não me apoiarei, no tocante à matéria tratada, apenas nestes, mas também nos livros centrais da *Metafísica*, sobretudo no livro Z 6 da *Metafísica*. Também fica patente que isso, aos olhos de Aristóteles, não contradiz sua autodelimitação crítica perante Platão. A questão sobre como seria possível o λόγος

---

10. Parece-me ousado operar tantas construções em cima da flutuação do significado de "primeiro Ser" entre o *Livro das categorias* e os escritos tardios da *Metafísica*, como o fez H. J. Krämer em seu artigo admiravelmente perspicaz (ver cit. acima).

οὐσίας subjaz como problema coletivo. Quero afirmar que a formulação do corismo nunca deveria questionar que o encontro existente no seio dos fenômenos deverá ser relacionado a seu Ser invariante. A total separação entre um mundo das ideias e o mundo dos fenômenos seria uma crassa absurdidade. Se, no diálogo platônico, Parmênides é levado conscientemente a tal coisa, na minha opinião isso deveria ser conduzido *ad absurdum*, exatamente por conta desse entendimento do corismo[11].

Mas o que significa mesmo a reprimenda estereotipada de Aristóteles, a censura do corismo, segundo a qual Platão teria hipostasiado o Geral? Ela realmente atinge Platão? O que esse isolamento das ideias em Platão quer de fato exprimir? Realmente a abertura de um segundo mundo, que seria separado de nosso mundo de fenômenos por um hiato ontológico? Seja como for, decerto não seria assim como presume a caricatura do diálogo *Parmênides*, ou seja, que esse outro mundo das ideias sempre essentes somente existiria para os deuses sempre essentes, e nosso mundo sensível dos fenômenos fugazes, apenas para os seres humanos mortais. Nessa mais dura aporia do diálogo *Parmênides* (*Parm.* 133b$_4$), Platão expressa indiretamente que as ideias são as ideias dos fenômenos e que não formam um mundo essente *per se*. Como o motivo fundamental da hipótese das ideias[11a], o próprio Aristóteles destaca explicitamente que, devendo existir algum conhecimento e considerando-se a variável torrente de fenômenos, importante é o conhecimento das ideias. Certamente, a precondição óbvia e fundamental de toda a teoria das ideias consiste em que não se possa

---

11. *Parm.* 133b ss.
11a. *Met.* A 6; 987a32 ss.

ver o sentido do corismo na vontade de isolar esse contexto pressuposto.

Convém ter presente em que direção e sob que motivação histórica Platão realiza essa separação das ideias. Eis todo o vasto campo da ciência matemática. O fato de a geometria euclidiana referir-se às circunstâncias puramente espaciais e não às figuras sensíveis por nós produzidas para ilustrá-la quando desenhamos um círculo ou um triângulo realmente não pode ser descrito de melhor maneira, a não ser exigindo que se separem as figuras matemáticas do sensível. Não se pode nem mesmo afirmar que essa separação seja óbvia em demasia. Sem dúvida, a matemática pitagórica, que com certeza era matemática autêntica e, por meio de seus teoremas e provas, evidentemente não se referia às figuras ali produzidas a título de ilustrações, não possuía um entendimento adequado do que seus verdadeiros objetos são de fato por oposição à percepção sensorial (círculo, triângulo, número). Isso é representado de maneira expressiva no *Teeteto* de Platão; analogamente, não faltou uma práxis de provas matemáticas aparentes que exigisse o exame sensível, como por exemplo a tangência de uma linha reta com um arco circular de leve sinuosidade. Só foi com essa separação ontológica entre o noético e o sensível, portanto, com esse corismo, que aqui se produziu clareza, de forma que o matemático pode dizer com o que tem de lidar, ficando-lhe também claro, em todo caso, que o que ele faz não é "física" em um sentido qualquer. Essa é uma verdade fundamental. Eis outro aspecto que também não é nenhuma coincidência: com o tratamento a elas dispensado por Platão enquanto isolamento inteligível e com sua prefiguração da "natureza", as ciências matemáticas modernas conseguem realizar muito mais do que por meio de Aristóteles, que derivava o mundo matemático de objetos por abstração (ἀφαίρεσις) a partir dos fenômenos físicos: a "solução" aristotélica (*Fís*. B2) oculta o verdadeiro problema do "Ser" daquilo que é matemático, cujo isolamento tem relações tão produtivas com o Ser dos "fenômenos", como as descobriu a física matemática da Idade Moderna e como as antecipa Platão no *Timeu*[12].

Algo semelhante ocorre com os fenômenos morais. Fazer uma distinção entre a própria justiça e o que vale como justo (δοκεῖ) pode ser tudo, menos uma abstração conceptual vazia. Consiste muito mais na verdade da consciência prática, daquele modo claro como ela se colocava aos olhos de Platão na pessoa de Sócrates: o comportamento verdadeiro e correto do ser humano não se deve orientar pelos conceitos e parâmetros convencionais a que se atrela a opinião pública, mas sim voltar-se apenas à única medida que se mostra – independentemente de qualquer questão de reconhecimento público ou se essas normas são realizáveis e se alguma vez surgirão na vida real como realizadas – à consciência moral como o verdadeiro e o correto inalteráveis. Essa separação entre o noético e o sensível, a verdadeira compreensão dos simples pontos de vista, esse corismo, portanto, é a verdade da consciência moral. Mais uma vez, não se trata de nenhuma coincidência que essa compreensão pitagórica tornasse a entrar em voga, quando se tratava de uma fundamentação transcendental da moral: o rigo-

---

12. Cf. meus trabalhos que constam nas Atas de Reuniões da Academia de Ciências de Heidelberg: *Dialetik und Sophistik im siebenten platonischen Brief* (1964) (= *Platos dialektische Ethik*[2], pp. 233 ss.) e *Idee und Wirklichkeit in Platos Timaios* (1974, 2.ª Tese).

rismo de Kant somente é superado pelo rigorismo com o qual Platão, no discurso sobre o verdadeiro Estado, obrigou seu Sócrates a separar a verdadeira essência da justiça de toda e qualquer validade e aceitação social (*Rep*. II) e a representá-la por meio de um homem que é considerado injusto como um todo e, enquanto tal, é morto após ter sofrido toda espécie de males (*Rep*. 361c ss.).

E caso finalmente se queira penetrar o vasto mar dos discursos e, em meio às vicissitudes do discurso e da reflexão, buscar uma orientação fixa, como se desenvolveu sobremaneira àquela época para gerar uma nova arte do discurso e da argumentação, ao que Platão impingiu o discriminatório nome de "sofística"[13], mais uma vez será separando o teor textual ilusório e a aparente contundência discursiva de seu sentido real e de sua consequência material que se poderá garantir essa orientação. Em minha opinião, a chamada digressão epistemológica da Sétima Carta, por mim já abordada em outra oportunidade[14], torna totalmente claro o que esse corismo realmente pensa. Ele quer revelar a fraqueza da experiência sensível que ameaça toda compreensão. O corismo não é uma primeira doutrina a ser superada, mas sim, do início ao fim, um momento da verdadeira dialética. Nesse sentido, a dialética não é uma instância ou um auxílio contra ele. O significado de Aristóteles ainda ter concentrado sua crítica das ideias sobretudo nesse ponto do corismo precisa ser compreendido a partir de seu próprio contraponto, a "física" e o primado ontológico

---

13. Que se trata de um nome discriminatório – pelo menos aos olhos da boa sociedade –, ensina-nos o fragmento *Prot*. 317b$_4$.

14. *Dialektik und Sophistik*, anteriormente citado.

de cada indivíduo, sem poder, em todo caso, representar uma ruptura total com a orientação platônica fundamental a partir dos λόγοι. Sempre se poderia voltar a indagar o que a crítica aristotélica significava no seio da Escola Platônica e entre os platônicos. Para tanto, far-se-ia necessário dar um amplo destaque aos pontos comuns fundamentais que existem entre a doutrina aristotélica e a platônica do λόγος τοῦ εἴδους. Dessa forma, somente poderia ser ganho aquele terreno em que a doutrina discordante de Aristóteles pudesse articular-se razoavelmente.

A análise que segue consagra-se ao problema da ideia do Bem. Esta não consiste em mais uma ideia qualquer dentre todas as outras, embora assuma, também na visão platônica, uma posição eminente. Gostaria de tentar evidenciar essa posição especial e destacar sua importância sob uma nova luz, clareando assim o problema básico do platonismo que também o é em relação a Aristóteles. No tocante ao legado indireto, encontramo-nos naquela situação privilegiada em que Aristóteles, em todos os seus tratados éticos, ocupava-se pormenorizadamente da questão do Bem, assim como Platão a distinguira como μέγιστον μάθημα. Consequentemente, no espelho dessa crítica à ideia do Bem, talvez também se possa arrebanhar uma chave que leve à introdução das ideias. Existe aqui uma temática conjunta. O fato de a pesquisa recente, dominada por um esquema conceptual "histórico" de relações antitéticas que remonta a Hegel, ter negligenciado até o presente essa precondição válida para qualquer avaliação da crítica aristotélica a Platão, parece-me o motivo para a impotência em que se encontra a pesquisa perante tal crítica. Consegui vislumbrar as primeiras tentativas de uma melhor compreensão dessa crítica na pesquisa anglo-americana, por exemplo em Cherniss, *The Riddle of the Platonic Academy* [O enigma da escola platônica] (o qual, a meu ver, sem dúvida perde-se um pouco na antítese quanto ao reconhecimento da autoridade dos relatos aristotélicos), ou em Lee, *Phrónesis*[15]: ambos se referem, com direito, ao caráter preparatório "dialético" que possuem os livros críticos introdutórios de Aristóteles. Mas isso não basta – vale também remontar à base comum, a partir da qual ambos, Platão e Aristóteles, falam do *eîdos*.

Desde o início, a questão do Bem e especialmente a questão do Bem no sentido do *areté*, da "excelência" do cidadão justo da *pólis*, sempre dominaram nos escritos platônicos. Além disso, ainda que se prescinda do consenso cronológico que hoje em dia geralmente se obtém para os diálogos platônicos, não se pode duvidar que a teoria das ideias não surge, desde o começo, da mesma maneira nesses escritos. Isso não deve significar que Platão só teria chegado a essa teoria posteriormente. Por último, dever-se-ia abrir mão dessa espécie de avaliação cronológica ingênua dos poemas-diálogos de Platão, a qual acabou criando um verdadeiro "jogo dos quatro cantos". Contrariamente, buscamos semelhanças estruturais entre grupos de diálogos, para assim esclarecermos tanto a intenção literária de Platão quanto o teor implícito de tal intenção.

---

15. Somente após a conclusão deste manuscrito, foram publicados dois livros mostrando que não sou o único a defender este ponto: Allan Blum, *Theorizing*, e sobretudo a obra tão minuciosa quanto especulativa de John Findlay: *Plato, The Written and Unwritten Doctrine* [A doutrina escrita e não escrita] (1974), sobre o qual eu opinei em uma resenha publicada no *Philosophische Rundshau*, 24, pp. 204 ss.

Dessa forma, distinguimos diversos tipos de diálogos na obra platônica, dos quais se pode depreender uma cronologia estrutural. Os diálogos aporéticos, nos quais Sócrates refuta seus interlocutores, embora ao final não apresente uma resposta própria à pergunta a ele colocada, representam um tipo claramente delineado de diálogo socrático (que, embora não encontre uma verdadeira equivalência no "legado secundário" xenofôntico, com seu esforço apologético em realçar a positividade das artes de refutação de Sócrates, e muito menos no pseudoplatônico [?] *Clítofos*, talvez acabe alcançando de forma indireta – por meio da tendência apologética de Xenofonte – uma determinada confirmação para a negatividade do Sócrates histórico). O novo papel que Sócrates desempenha, por exemplo no diálogo do Estado justo, deverá e precisará ser sentido como uma virada bastante incisiva. Sócrates fala durante toda uma noite, e essa utopia não carece de positividade audaz. A isso se vem juntar a afinidade temática das conversas nos diálogos "negativos", reunindo-os em um grupo unificado. Todas essas refutações da noção de *areté* que os interlocutores trazem consigo, sejam eles jovens, seus pais ou os celebrados mestres sofistas daquela época, possuem o seguinte traço comum: as perguntas feitas – de acordo com o que este ou aquele *areté* seria ou se o *areté* seria ensinável ou não – não encontram nenhuma resposta, graças à incerteza e ao caráter ilusório do que se entende por *areté*.

Em contrapartida, o amplo questionamento levantado na *Politeía*, que busca respostas sobre os σύμπασα ἀρετή, os δικαιοσύνη e, desta forma, sobre todos os ἀρεταί, e que no final introduz a ideia do Bem "para além" de tudo isso, tem o efeito de um retruque à convencionalidade da noção de *areté* encontrada nos primeiros diálogos. O conhecimento almejado não existe e talvez nem mesmo seja alcançável, enquanto não se olhar conscientemente para além daquilo que normalmente vale como conhecimento. É sintomático serem os irmãos de Platão que, juntamente com Sócrates, no diálogo da *Politeía* – no segundo livro – dão o passo à frente.

O conceito-chave do conhecimento que goza de amplo reconhecimento é a *tékhne*. Isso é óbvio também para Platão. Assim, Sócrates encontra na *Apologia* autêntico conhecimento material pelo menos junto aos artesãos – mas é certo que também estes, como todos os outros homens "sábios", fracassam quando se trata daquela coisa mais importante (τὰ μέγιστα, *Apol.* 22d₇) pela qual o desejo humano de conhecimento, no final das contas, anseia. Portanto, o conhecimento sobre o Bem é algo acerca do que não é indagado nas τέχναι nem pelos τεχνῖται. Esse argumento, mais tarde comum na crítica aristotélica a Platão[16], tampouco se revela uma instância com peso contra o pensamento de Platão que verdadeiramente representa a experiência inicial do Sócrates platônico, na qual se baseia sua "ignorância" superior. O conhecimento sobre o Bem parece de outro tipo, diferente de todo o conhecimento humano conhecido – de modo que, com base nesse conceito de conhecimento material, realmente pode ser chamado de ignorância. A ἀνθρωπίνη σοφία, que tem consciência dessa ignorância, tem de indagar e olhar para além de todas as hipoteticidades que Platão chama de *dóxa*. O fato de que somente neste ἀποβλέπειν πρὸς, neste olhar para isso, se pode enxergar "o Bem", não é sugerido apenas indiretamente, mas pronunciado

---

16. *EN* 1097a₅ ss.; *EE* 1218b₂; *MM* 1182b₂₅ ss.

de modo efetivo no primeiro diálogo em que realmente se expõe a hipótese da ideia, ou seja, no *Fédon*. Entre os diálogos elêncticos, que se faz mister imputar aos primórdios de Platão, e o escrito sobre o Estado ideal, encontra-se o *Fédon* como um admirável elo intermediário.

Ele foi destacado como a primeira introdução à teoria das ideias, e principalmente a interpretação de Platão realizada pelos estudiosos de Marburg aproveitou a introdução do *eîdos* como a melhor hipótese para uma aproximação forçada de Platão em relação a Kant. É certo que a interpretação de Natorp também não se furtou de examinar o papel excepcional do "Bem". Para ele, o "Bem" era o princípio da autopreservação. Via na hipótese do *eîdos* o processo de conhecimento do "Bem". Dessa maneira, chegou à identificação da "ideia" com a lei natural: o que ele tinha em vista eram, portanto, as ciências naturais modernas. Com efeito, elas se movem numa aproximação ascendente de hipóteses em relação à ordem verdadeira e realizam-se como a determinação progressiva do objeto. A "coisa em si" nada mais é que a "tarefa infinita".

Atualmente, isso soa como modernismo falso. Ao se considerar o *Fédon* como elo intermediário no caminho da ideia do *Bem*, vem à tona outro paralelo estrutural. O próprio *Fédon* também é um diálogo repleto de refutações, e os interlocutores no *Fédon* representam, à sua maneira, uma posição a ser levada a sério, embora a defendam sem convicção total, ou seja, a posição de um materialismo fundamentado "cientificamente". É verdade que são pitagóricos, mas são representantes de uma geração posterior que se sente em casa no tocante à matemática e à ciência e não se mostra disponível ao argumentacionismo sofístico moderno. Foi assim que se tornaram amigos de Sócrates. Revela-se que neles o pano de fundo religioso do pitagorismo é muito esmaecido. A "ação interna" do diálogo consiste simplesmente em mostrar a esses pitagóricos as verdadeiras consequências de seu próprio pensamento que remetem à "ideia", de forma tal que elas sejam, de uma só vez, refutadas em seu entendimento "materialista" e confirmadas em idealidade matemática[17].

Não apenas na retrospectiva de Aristóteles, a qual introduz Platão diretamente como pitagórico (*Met.* A 6), fica claro que esses pitagóricos são de certa maneira os mais próximos do pensamento de Platão. Quanto mais profundamente penetramos a problemática da teoria da ἀρχή e de seu surgimento primeiro nos diálogos tardios, sobretudo em *Filebo*, mais claro fica que a posição pitagórica representa um verdadeiro elo intermediário entre as aporias da nova Paideia orientada pelo conceito de *tékhne* e a dialética posterior. Não é nenhuma coincidência que se trata da questão da psique "invisível", através da qual a dimensão noética "invisível" das coisas matemáticas e das ideias é levada à primeira proscrição. Na expectativa de encontrar, no *noûs* de Anaxágoras, a κοινόν πᾶσι ἀγαθόν que buscava, Sócrates tomou em suas mãos o escrito daquele, e quando, perplexo e decepcionado, viu-se no final obrigado a fazer a hipótese do *eîdos*, para ficar cônscio do verdadeiro sentido de αἰτία em todas as coisas (100ac), tomou o caminho através de ilustrações matemáticas. Mas acaba ficando claro que é o olhar voltado para o Bem (ou para o Melhor ou o para o Ótimo) que sozinho lhe proporciona "conhecimento"

---

17. Cf. meu estudo: *Die Unsterblichkeitsbeweise in Platos "Phaidon"* (Edição comemorativa para Walter Schultz, 1973).

real (diríamos: "compreensão") das coisas, do universo, bem como da *pólis* e da psique. Nesse sentido, o escrito da *pólis*, que também é um escrito da psique, e logo também o *Timeu* seguem de maneira articulada o programa concebido na "fuga aos *lógoi*" no *Fédon*. Não se exagera ao ver a realização desse programa nos escritos didáticos de Aristóteles, sobretudo em sua *Física* e em sua *Política* (que abrange a ética) – um ideal de "ciência" que obviamente não serviu de obstáculo ao surgimento e ao surpreendente desenvolvimento da ciência especializada helenística. Para as ciências naturais modernas, ele certamente representava a contrafigura de um antropomorfismo dogmático-teleológico que devia ser superado. Todas as tentativas de renovação desse ideal de uma "ciência" teleologicamente homogênea empreendidas desde Leibniz, passando pela filosofia natural romântica e por pensadores como Whitehead, não podem fazer frente à lei gradual das ciências empíricas modernas, mas testemunham indiretamente a necessidade racional de unidade que subjaz à exigência de Sócrates. Escapa-lhe a pretensão de universalidade da teoria das ideias.

Nesse sentido, a ideia do Bem, que a *Politeía* examina e a partir da qual se determina a ordem de *pólis* e psique, representa no seio dessa nova orientação "noética" uma distinção especial: os parceiros do discurso socrático ficariam contentes se ele falasse sobre o Bem como antes a respeito de justiça e *sophrosýne* (*Rep.* 506d). Mas sempre que o discurso se volta a este supremo e último, em Platão, o orador se esquiva e acha que, naquele momento, não seria necessário entrar em detalhes sobre isso e talvez também sobre sua força (ver p. ex. *Tim.* 48c) – e efetivamente é o famoso ἐπέκεινα τῆς οὐσίας que empresta à ideia do Bem uma "transparência" que o destaca perante todos os outros objetos "noéticos", isto é, perante todas as ideias.

Com certeza existe uma ligação com o fato de Platão utilizar apenas a expressão ἰδέα, nunca εἶδος, para o ἀγαθόν. Afinal de contas, embora não se possa negar a permutabilidade entre essas duas palavras no grego da época e no uso da língua pelos filósofos, o fato de Platão nunca falar de εἶδος τοῦ ἀγαθοῦ indica que é conferida à ideia do Bem um caráter singular. O termo εἶδος sempre se refere apenas ao "objeto", correspondendo ao gênero neutro. Por sua vez, a forma feminina ἰδέα, da mesma maneira que δόξα ou ἐπιστήμη, embora também possa caracterizar o "objeto" seguindo o objetivismo natural de nosso pensamento, deixa soar mais forte no termo alemão *Anblick* a ação de *Blicken* do que no termo *Aussehen*; e dessa forma em ἰδέα τοῦ ἀγαθοῦ encontra-se menos a *Anblick* do Bem que a *Ausblick** (olhar) em direção ao Bem, como mostram as inúmeras expressões do ἀποβλέπειν πρὸω etc.

Em todo o caso, a ideia do Bem é tratada por Sócrates na *Politeía* como uma coisa difícil de compreender, que somente pode ser observada em seus efeitos. Assim como o Sol, ao liberar luz e calor, garante Ser e Perceptibilidade a tudo o que é visível, o Bem também somente existe para nós no dom que é por ele conferido: γνῶσις καὶ ἀλήθεια, conhecimento (em geral) e verdade. Querer perceber diretamente o próprio Bem e reconhecê-lo como

---

* H.-G. Gadamer recorre aqui à riqueza semântico-morfológica das seguintes palavras alemãs: *blicken* = ver, olhar, mirar; *Anblick* = vista, aspecto, quadro (vista ou visão que está *na superfície* do objeto); *Aussehen* (aparência, aspecto); *Ausblick* = vista, panorama (vista ou visão *a partir do* objeto *em direção a algo*). (N. do T.)

um μάθημα parece, por sua própria natureza, impossível. Essa inefabilidade, esse ἄρρητον deveria ser recebido primeiramente com a maior sobriedade possível. Por essa razão, não é necessário negar que isso faz ressoar o pano de fundo religioso do pensamento grego, cujo estudo devemos a Gerhard Krüger (*Einsicht und Leidenschaft* [Juízo e paixão] 1. A., 1939). Mas é necessário ter consciência de que Plotino deu um novo passo, ao denominar o Uno também ἐπέκεινα νοήσεως e ao entender todo Ser e todo Pensar como indicadores para a transcendência. No contexto da *Politeía*, o Bem se apresenta muito mais como o Unificador do Múltiplo, articulando-se, pois, exatamente para a duplicidade interna e para a função "dialética" do Uno, que Plotino, precisamente, quer excluir com seu duplo "Além".

Ora, parece uma solução fácil fazer jus a essa notável e inconcebível posição da ideia do Bem que a distingue das outras ideias existentes, porque ela seria mesmo "o Primeiro" e por esse motivo estaria isenta de toda e qualquer derivação. Seria, portanto, aquilo que mais tarde levaria a denominação de "princípio". Assim, desde Aristóteles, que foi o primeiro a introduzir o conceito de ἀρχή (o princípio), normalmente e também se agiu desse modo, e Aristóteles trata a filosofia platônica introduzindo-a como uma evolução ulterior da teoria pitagórica, por analogia à teoria platônica de *péras* e *ápeiron*, representando-a na teoria de ἕν e ἀόριστος δυάς como os dois princípios das ideias ou dos números ideais. Parece coerente que se reserve à ideia do Bem em Platão a mesma notável posição conferida àqueles dois "princípios" nos relatos de Aristóteles. Isso tornaria compreensível que todo discurso a esse respeito, ou seja, todo e qualquer trato dialético em torno dessa temática, nunca poderá tornar "o próprio Bem" diretamente o objeto e que, por essa razão, somente poderá ser almejado em um discurso analógico de Platão.

De forma convincente, a isso corresponde o que vem à tona no *Filebo*. É verdade que ali primeiramente não se trata da "ideia do Bem", e sim da questão do Bem na vida humana – mas no final é sempre essa questão que diz respeito a todos nós, a partir da qual surge o discurso da ideia "geral" do Bem. Isso emerge claramente na autorrepresentação socrática do *Fédon*. A questão especial do *Filebo* é até que ponto a paixão do impulso e a consciência do pensamento podem conduzir, na vida, a um equilíbrio harmônico. Esse questionamento encerra uma passagem da área do Ideal para o Melhor que há na realidade, uma passagem que aparentemente se opõe diretamente à construção ideal da *Politeía*. Mas essa passagem, também ali, não é de todo nova. Também a *Politeía* fala, em primeiro lugar, do Bem na vida humana. Pois o diálogo sobre o Bem é iniciado indagando, do mesmo modo, se o Bem seria ἡδονή, como pensam os Múltiplos (οἱ πολλοί), ou φρόνησις, se seria realização do impulso de vida ou saber do Bem (*Rep.* 505b). Agora, obviamente se deixa de repetir, no *Filebo*, essa oposição como clara alternativa, para elevar o equilíbrio harmônico ao nível de objeto.

Essa mudança deixa-se caracterizar como a tematização da prática humana e faz-se acompanhar da física, o que também é insinuado no *Filebo* e afirmado na narrativa mítica do *Timeu*. Na verdade, ambos os diálogos estão voltados ao âmbito da gênese de uma forma tal que no fundo contrasta com a contundente separação que Platão faz entre o Ser e o Devir. E apesar de tudo, na *Politeía* e principalmente no *Timeu*, essa separação permanece a determinação básica sustentadora. Assim, resta a verdadeira indagação de como corismo e *méthexis* podem ser pensados juntos.

Não obstante, esse contexto chama a atenção com maior clareza no *Filebo* que na matemática celestial ideal e na física terrestre do *Timeu*. Ali, a ideia do Bem exerce, com efeito, a função prática de orientação para a vida justa, na medida em que esta é um misto de "prazer" e "saber", e sua mistura, descrita no final, pauta-se de forma esclarecida sob a ideia-guia de moderação, comedimento, racionalidade ou de quaisquer uma das determinações estruturais do Belo que se queiram sintetizar, em cuja manifestação o próprio Bem deva ser, por si só, compreensível. A partir de Aristóteles e principalmente dos relatos conceituais tardios, parece que se chega à conclusão de que o Bem deve ser designado como o Uno por excelência, e o Uno, como o Bem. Isso não representa nenhuma contradição séria às afirmações feitas nos diálogos. Pois esse "Uno" com certeza não é o Uno de Plotino, que é o único Ser e "Supra-Ser", mas aquilo que sempre conduz uma multiplicidade a uma unicidade. A ideia do Bem surge como a condição de toda existência de ordem, como a unidade de um Único, o que todavia significa: como Unidade de Múltiplo. A partir daí, abre-se um primeiro entendimento para a função modelar da estrutura aritmética, que desempenha um papel decisivo no legado indireto de Platão. Além disso, o número também é, simultaneamente, Unicidade e Multiplicidade, como ilustra de modo especial o fato de que o Um, para os gregos, não era, em absoluto, um ἀριθμός, um número – ou seja, a Unidade de Múltiplo –, mas o elemento de ligação entre os números. O menor número seria contado a partir do Dois. Todo "número" já precisa ser, portanto, Multiplicidade e Unicidade[18]. Em todo caso, a ideia do Bem não parece um *máthema* supremo, que esteja em uma categoria à frente de tudo o que sabe Saber (τέχνη), de toda a prática e de toda a física, mas que pode ser reconhecido e aprendido como estas.

---

18. Cf. meu trabalho: *Platons ungeschriebene Dialektik*.

I. CONHECIMENTO E NÃO CONHECIMENTO SOCRÁTICO

Nosso primeiro exame da posição especial ocupada pelo Bem no pensamento platônico das ideias levou-nos a reconhecer que, conforme o próprio entendimento de Platão, o conhecimento do Bem não pode ser compreendido segundo o modelo da *tékhne*, embora – ou justamente por esse motivo – Sócrates faça uso constante de tal modelo em sua maneira crítica de refutar as opiniões de seus interlocutores. Aplicando a esse entendimento as lúcidas análises apresentadas por Aristóteles no Livro VI da *Ética* sobre as maneiras de ser ciente (ἕξεις τοῦ ἀληθεύειν) e em especial sobre a diferença entre o conhecimento técnico e o conhecimento prático, resulta, então, uma aproximação – no final, nem tão surpreendente – entre o conhecimento do Bem buscado por Sócrates e a *phrónesis*. Ali, Aristóteles faz uma clara diferenciação entre o conhecimento prático em relação ao conhecimento teórico e ao técnico, além de designá-lo como outro tipo de conhecimento (ἄλλο εἶδος γνώσεως[18a]). A

18a. *EN* 1141b$_{33}$, 1142a$_{30}$, *EE* 1246b$_{36}$.

virtude do conhecimento prático, a *phrónesis*, surge como uma encarnação do que a vida de Sócrates vivenciou anteriormente. Da mesma forma, a imagem de Sócrates desenhada por Platão na *Apologia* mostra-o muito distante de todo e qualquer interesse meramente "teorético".

Entretanto, afora isso, as ideias encontradas em Platão são bastante diferentes. Ressalte-se, inclusive, que Platão impõe a seu personagem Sócrates papéis bem mais prenhes de tensões, tais como o de um antagonista dramático ante a *Paideía* sofística, bem como o de um mitófilo descritor de estranhos reinos intermediários situados entre visões religiosas e pensamentos filosóficos, mas principalmente o papel do dialético que amplia sua própria arte de dialogar, tornando-a o paradigma de todo discernimento e de toda verdade. Sócrates torna-se, aqui, uma figura mítica, na qual o conhecimento do Bem coincide, no final, com o conhecimento do Verdadeiro e do Ser como em uma *theoría* suprema. É desse ponto que deriva nossa tarefa. Faz-se mister relacionar essa unidade mítica no nível dos conceitos, para assim tornar compreensível o que Aristóteles compartilha com Platão, ainda que o primeiro imponha limites críticos entre si e o segundo.

É sintomático que o próprio Platão sempre tenha marcado, de forma apenas negativa, a diferença cognitiva existente entre o conhecimento do Bem e todo o conhecimento restante, uma diferença que ele elabora nos diálogos socráticos com aporética refletida. Quem imagina saber o que é uma *areté* vê-se perante uma refutação; e sempre a severa escala da *tékhne* é aplicada, com obviedade, para medir esse conhecimento. Como resultado, revela-se, então, que falta a cada um o conhecimento do Bem. Não obstante, quando o Sócrates platônico, tanto no *Fédon* quanto na *Politeía*, fala sobre o passo a ser dado através de todo o conhecível rumo ao conhecimento do Bem e destaca o Bem por sua transcendência, embora estabeleça uma ligação com a questão socrática acerca das *aretai* e, partindo daí, com a questão acerca do Bem, Sócrates acaba realizando uma súbita transferência para um conhecimento "teorético" do "Bem" e do "Ser". Aquilo que designa com o termo "dialética" soa como uma "supraciência" que se descortina por detrás das disciplinas matemáticas, descritas como ciências puramente teóricas.

No entanto, não é de maneira irrefletida que essa ciência se chama "dialética". Nela está vivo o legado de Sócrates e sua arte do diálogo. Com isso condiz o fato de Platão frequentemente empregar, em um amplo sentido, a palavra *phrónesis* – que designa, para Aristóteles, a virtude da prudência prática – e poder utilizá-la como sinônimo tanto de *tékhne* quanto de *epistéme*. Isso jamais significaria que o conhecimento do Bem realmente seja conhecimento do tipo da *tékhne*. O conhecimento artesanal tem, na verdade, um significado tão paradigmático para aquilo que é o conhecimento em geral, que o uso da língua atém-se a isso, realmente existindo algo em comum entre razão prática e conhecimento técnico.

De certo modo, conhecer por razões profundas vale para qualquer indivíduo possuidor de uma ciência ou de uma arte; vale, por exemplo, para o médico (um exemplo muito recorrente em Aristóteles), para o matemático e para todo e qualquer indivíduo que, perante uma mera opinião, reivindique o direito de conhecimento.

Todavia, aqui logo se evidencia uma diferença essencial que distingue a prudência prática da prudência técnico-teorética. Caso ainda outro indivíduo que detenha conhecimento venha a apresentar razões profundas, poderá retirá-las de um conhecimento geral por ele adquirido pela aprendizagem. É justamente isso que caracteriza *tékhne* e *epistéme* e que Platão também chama de *máthema*. Por outro lado, a situação mostra-se outra no exercício prático da razão. Não se pode, aí, apoiar-se em um conhecimento geral pré-adquirido, mas é possível reivindicar o direito de, por conjecturas próprias acerca de prós e contras, fazer um juízo e tomar uma decisão racional em determinado caso. O indivíduo que busca orientação junto a si mesmo e junto a outros indivíduos sobre a maneira correta de agir em determinada situação certamente está pronto a fazer valer, em sua decisão, apenas boas razões; e o indivíduo que sempre se comporta de forma tão racional possui a virtude da prudência ou da "boa orientação". *Euboulía* era uma divisa política da outrora nova *Paideía*. Ora, parece-me que era importante para Platão registrar esse traço do conhecimento "prático" e estabelecer, para si, limites contra o conhecimento "técnico". "Dialética" não representa um conhecimento geral e ensinável, ainda que Platão sempre siga o uso da língua, também empregando para isso os termos *tékhne* ou *epistéme*. No entanto, em nada surpreende que ele também possa chamar a dialética de *phrónesis*. Pois, afinal de contas, ela não é algo que se possa aprender com facilidade. É mais que isso: é "prudência".

Nesse processo, ele, por seu turno, certamente segue o uso da língua, para o qual é óbvio chamar a verdadeira *areté* da ação humana de φρόνησις. Isso pode ser averiguado com clareza principalmente no trecho do *Mênon* 88b ss[19]. Essa passagem é especialmente interessante por-

---

19. Também a maneira como, na *Rep.* 518e, faz-se a distinção entre as "chamados" ἀρεταί da ψυχή e as ἀρετή da φρονῆσαι é uma boa ilus-

que Sócrates, no contexto de seus discursos pedagógicos, mostra-se surpreendentemente conciliador e não insiste, de forma nenhuma, em pôr virtude e conhecimento em um mesmo patamar: deixa em aberto se, além da φρόνησις, algo mais não faria parte da ἀρετή (89a, φρόνησιν ἄρα φαμὲν ἀρετήν εἶναι, ἤτοι σύμπασαν ἢ μέρος τι!). Certamente, o que lhe importa é que, em todo caso, φρόνησις seja parte integrante. É exatamente o que o próprio Aristóteles afirma em *Ética nicomaqueia* VI 13 (1144b$_{17}$ ss.)

A partir dessa observação, pode-se chegar à seguinte conclusão: em sua ética, Aristóteles permanece fiel – como de modo geral – ao verdadeiro uso da palavra φρόνησις. Ao contrário do que pensou Natorp, Aristóteles não reduziu à esfera ética um termo cunhado solenemente por Platão. Inversamente, Platão, visando à exaltação do conhecimento dialético, ampliou até esse ponto o termo oriundo do uso corrente, cuja proximidade da prática sempre devia ser sentida[20], ou seja, ampliou o que era conhecido como prudência prática ao domínio da postura teórica do dialético.

Por outro lado, ao contrário do que já tentaram fazer, em outras épocas, Jaeger e Walzer, entre outros, não se deveria trabalhar com hipóteses sobre o desenvolvimento do termo, tomando por base o fato de o próprio Aristóteles seguir, ocasionalmente, o uso linguístico ampliado por Platão. Na verdade, tal fato apenas mostra que Aristóteles, em sua totalidade, continua a viver no

---

tração do significado principal que soa em φρόνησις, que Xenofonte sempre tem em vista. Cf. também *Simp.* 209a, φρόνησιν τε καὶ τὴν ἄλλην ἀρετήν e quejandos.

20. Compare-se a análise exaustiva do uso homérico realizada por Bruno Snell (*Glotta LV Band*, 1977, pp. 32-64).

mundo linguístico de Platão. Se, por um lado, há poucas menções em Aristóteles indicando que, nesses casos, ele teria esquecido ou "platonizado" conscientemente o verdadeiro sentido de φρόνησις por ele analisado, muitos pontos há no uso corrente da língua pelo próprio Platão mostrando que ele, para além da distinção entre conhecimento prático e teórico, tinha como foco um ponto comum. Nisso deveria residir seu motivo para a ampliação do uso do termo *phrónesis* à esfera de conhecimento supremo. Não é sua intenção conferir ao dialético uma mera capacidade, mas prudência real. Para ele, isso ao mesmo tempo significa que o dialético não tem uma arte superior que venha a aplicar pelo simples direito de fazê-lo; significa, muito mais, que o dialético busca real prestação de contas, ou seja, esclarecimento. Não tem, portanto, uma arte que possa ser aplicada a seu bel-prazer. Dialética não é tanto uma *tékhne*, um saber e um conhecimento, quanto um ser, uma "disposição" (*héxis*, em sentido aristotélico), a qual distingue o verdadeiro filósofo do sofista. É óbvio que esforços próprios serão necessários para justificar essa distinção perante os representantes da nova *Paideía*. A razão objetiva pela qual dialética nada mais é que "dialética", ou seja, um processo de dar e exigir esclarecimentos, e não um conhecimento como o são o conhecimento artesanal e as chamadas ciências, certamente reside em que, naquelas outras duas áreas, não paira a ameaça de uma possível confusão por meio do discurso, ao contrário do que ocorre com a questão acerca do Bem. De ambas, é certo, também se pode afirmar que sabem (isto é, têm razões profundas) por que motivos procedem dessa e daquela maneira e consideram verdadeiro isso e aquilo. Assim, como se encontra descrito na *Apologia*, os artesãos, ao serem indagados por

Sócrates, destacaram-se em sua área. Se eles aprenderam sua arte, sabem por que agem como agem, e, de qualquer modo, seu conhecimento se revela no saberem ensinar seu ofício. Dentro de sua competência, não podem ser combalidos com artes discursivas ou argumentativas de natureza sofística, de modo que um personagem como Hípias, que se apresentava como uma espécie de "sabe-tudo", não teria causado impressão a nenhum artesão.

O mesmo vale para o conhecimento que detém o médico ou o matemático. Também nesses campos, é do nosso conhecimento que a nova *Paideía*, com suas artes, tenta instigar confusão. No caso da arte médica, isso diz respeito a uma emoção geral que sempre volta a surgir por causa dos limites do saber médico e, por último, em razão de uma impossibilidade de comprovar seus êxitos. Tratar-se-ia mesmo de uma ciência? O tratado Περὶ τέχνης, que remonta à época dos sofistas, oferece-nos uma boa noção sobre esse tema. Poder-se-ia afirmar algo semelhante até mesmo sobre o conhecimento do matemático: nesse caso, também se deve entender que seu conhecimento estimula, por vezes, a resistência da experiência cotidiana. Nessa mesma linha de pensamento, é do nosso conhecimento que Protágoras consagrou suas artes argumentativas, de maneira ampla, ao descrédito dos matemáticos[20a]. Uma vez que, no presente caso, o sentido da questão não costuma ser tão palpável como no exemplo do artesão, esse fato ainda se torna mais compreensível. Também pode ser que o matemático, por sua vez, não esteja em condições de pôr a nu a falsa aparência de tais confusas artes argumentativas, mas o diá-

---

20a. Diels VS II 266.

logo *Teeteto*, que aborda uma situação dessa natureza, testemunha, da mesma forma, como se comporta um verdadeiro matemático. Teodoro e Teeteto não se deixam contestar por essas argumentações, optando simplesmente por delas se esquivarem (*Teet.* 164e, 169c$_7$). Veem aquilo que está sendo abordado, algarismos ou figuras, de certo modo diante de si. Conhecimento é o imediatismo desse "ver-diante-de-si" e pode, por esse motivo, ser denominado *aísthesis*.

Por outro lado, bem diferente é a situação existente, em que não há conhecimento especializado nem especialista, e em que cada um pode reivindicar para si o direito de ter um juízo próprio. Eis a questão do Bem tanto na vida pessoal quanto na social e política. Cada indivíduo fala com o outro indivíduo, e cada um tenta convencer a respeito da justeza de sua opinião, sobretudo em se tratando de deliberações políticas. Em torno do "Bem", existe sempre um conflito em ação, e, como já vimos, cada indivíduo apenas faz valer suas razões. Eis, portanto, a base a partir da qual deriva a pretensão da nova *Paideía* e sobretudo a pretensão da retórica, que é a verdadeira nova arte. Ela surge com maior clareza na forma como Protágoras defende essa pretensão no diálogo platônico homônimo. Sua intenção é ensinar para o Bem, fazendo uso, com certeza, apenas de sua arte retórica e dialética. Deixa de lado todo e qualquer conhecimento especializado (*Prot.* 318d). Platão confronta essa pretensão com a verdadeira arte dialética de esclarecer que presta esclarecimentos sobre o Bem. À sua maneira, deixa claro que, nessas questões, para não se deixar confundir, não importa apenas uma técnica do discurso e da disputa, nem apenas a perspicácia. É verdade que se deve chamar de arte quando se consegue distinguir as coisas em suas categorias, descobrindo assim confusões. Mas para tanto exige-se algo mais que apenas perspicácia.

A verdadeira dialética ainda carece de algo mais. Ela exercita o fixar-se inconfundivelmente naquilo que, como algo justo, está diante de nossos olhos, não se deixando desviar dessa rota por nenhum motivo. Para essa verdadeira dialética, Platão também pode usar o termo *phrónesis*, por uma razão objetiva. Aqui, na questão em torno do Bem, não existe conhecimento disponível, nem tampouco recurso a outrem. Cada indivíduo deve indagar a si próprio, de modo que cada um estabelecerá, necessariamente, um diálogo – consigo mesmo ou com os outros. Afinal de contas, faz-se mister distinguir essas coisas e preferir uma à outra. Mais tarde, ao caracterizar essa distinção como a arte da *diaíresis*, deixando que ela praticamente coincida com a dialética, Platão queria ressaltar, com isso, menos um método e mais a tarefa prática de saber distinguir corretamente onde paira uma grande ameaça de confusão e onde esta já se encontra disseminada[21]. Não se trata, com certeza, de um método científico no sentido lógico da palavra. Com direito, Aristóteles apontou objeções contra a evidência probatória da *diaíresis*, na medida em que ela não fornece nenhuma conclusão logicamente peremptória. É necessário antes conhecer a questão, a fim de saber a que categoria ela pertence. Na realidade, a dialética não é uma demonstração de provas no sentido da prova científica que, partindo de pressupostos, necessariamente realiza algum desenvolvimento (*apódeixis*). Muito mais, a arte dialética da distinção pressupõe uma prévia familiaridade com a

---

21. Em sua época, foi o que tentei dizer de maneira convincente na *Ética dialética* de Platão.

questão dada, bem como uma constante pré-visão e uma visão voltada para a questão abordada no discurso. Isso foi visto de maneira correta por Aristóteles.

Todavia, não se trata de uma objeção que diga respeito a Platão. Para mim, o discernimento condutor de Platão simplesmente parece consistir em que a dialética dessa capacidade distintiva seja da mesma estirpe que a capacidade esclarecedora que caracterizava o homem Sócrates, ao ater-se ferrenhamente àquilo que reconhecia como "Bem". Realmente reside, aí, conhecimento (e não *dóxa*), contanto que o indivíduo assim conhecedor de seu desconhecimento esteja ilimitadamente propenso a prestar esclarecimentos. Pois, na verdade, o tema condutor de Sócrates é a *areté*. Ela é algo que, de certo modo, já se conhece e é necessário conhecer. Para usar um termo mais atual: ela exige autoconceito (*Selbstverständnis*), e Sócrates prova a seus parceiros que tal coisa lhes falta. Para isso, Platão ofereceu uma interpretação mais genérica. Sempre que se tratar de um conhecimento que possa ser adquirido não pela aprendizagem, mas apenas pela prova de si mesmo e do conhecimento que se pensa possuir, poder-se-á falar de dialética. Somente por meio do diálogo – consigo mesmo ou com os outros – é possível exceder as meras preopiniões calcadas em convenções dominantes; e somente quem realmente for guiado por tal pré-conhecimento do "Bem" poderá ater-se a isso com pertinácia. Para tanto, Platão desenvolveu diversas expressões metafóricas, tais como: porque nele "tem seu domicílio" ou "é aparentado (συγγενής) com ele". Por esse motivo, o verdadeiro dialético, ao contrário das infelizes vítimas das artes de refutação socráticas, que não se entendem a si próprias, não se deixa passar com arte ao largo da verdade. Mas a recíproca também é verdadeira: quando um indivíduo capaz de prestar esclarecimentos acaba cometendo um equívoco, como o próprio Sócrates faz, ocasionalmente, no diálogo platônico, também tem a capacidade de encontrar o caminho de volta, para logo conseguir articular sua intenção com mais primor que antes – como ocorre, a título de ilustração, após a célebre refutação, por Protágoras, de uma *conversio falsa* cometida por Sócrates (350 ss.).

E, onde Sócrates parece negar, com vã perspicácia de distinção formal, suas verdadeiras intenções e seu melhor conhecimento – como em seu primeiro discurso sobre o Amor em *Fedro* –, uma voz interna contê-lo-á, independentemente de ele designá-la ou não seu *daimonion*, e obrigá-lo-á, em um segundo discurso sobre o Amor, à retratação – e esta é tudo, menos um ato de submissão cega perante uma origem religiosa: ao proferir o panegírico inverídico (*Fed.* 257a$_4$), Sócrates cobriu sua cabeça, somente voltando a ser sua própria pessoa no ato da refutação. Somente sua refutação levará a experiência do Amor àquele vasto horizonte, no qual Platão reconhece o carisma de seu mestre. Ela desvela as verdadeiras distinções que cabem àquele que sabe o que se deve saber e sobre o que se devem prestar esclarecimentos: o dialético. Isso expressa o segundo discurso de Sócrates de maneira mítica. Nele, Sócrates faz jus não apenas à essência do Amor enquanto um dom enviado por Deus, ou seja, não apenas alcança a necessária distinção entre loucura "boa" e "ruim", que é importante para o verdadeiro autoconceito do homem perante a experiência do amor. Assim fazendo, mostra-se um verdadeiro dialético que, na mesma marcha do dom de prestar esclarecimentos, acaba revelando, ao mesmo tempo, a essência da própria dialética. A paixão pelo Belo é absorvida através da paixão filosófica pelo Verdadeiro. Ainda será necessário voltar a esse ponto.

Destarte, na "dialética" platônica, ainda se tematiza a harmonia dórica de *lógos* e *érgon* que compõe o verdadeiro *éthos* do agir elênctico de Sócrates, como representei programaticamente em um estudo relativo a esse assunto[22]. Essa harmonia – ou sua ausência no parceiro – não representa apenas nos diálogos elêncticos o pano de fundo da arte argumentativa (com frequência insatisfatória, é lógico) de Sócrates; mesmo para os chamados diálogos dialéticos do período tardio, ela tem uma importância muito maior do que em geral se observa[23]. Desse modo, somente será possível entender o *Teeteto* por completo se a resposta "sensualista" que Teeteto dá à indagação sobre o que é conhecimento for apreciada na completa paradoxia que ela possui na boca de um matemático genial. Igualmente, a distinção entre filósofo e sofista oferecida pelo *Sofista* somente será alcançada por quem realmente ('ὄντως') seja um filósofo (e não um mero artista da refutação): desde o início, a busca da essência do sofista no *Sofista* é guiada pela visão voltada para a verdadeira essência do filósofo e dialético – o "estrangeiro" não é um mero artista da refutação; assim, é inteiramente conveniente que a essência do dialético e filósofo também seja esclarecida, caso se almeje uma cla-

---

22. *Lógos* e *érgon* no "Lísis" platônico, *Pequenos escritos* III, 50-63.
23. Um exemplo: Sprague tratou a "fallacy" lógica de *Teet*. 163 ss. com tanta compreensão que ela reconhece corretamente as qualidades positivas na figura do Teeteto, mas a dependência geral do λόγος em relação ao ἔργον penetra com muito maior profundidade no conteúdo do que ela percebe.

ra compreensão do *Sofista*[24]. Assim como em *Fedro* era necessário fazer uma distinção entre a boa e a má loucura, aqui também se deve distinguir o verdadeiro dialético do falso, o sofista. Mesmo aqui, o "distinguir" da *diaíresis* ainda tem como alvo a distinção entre o Bem e o Mal (o que mais uma vez é manifestado no *Filebos*, em que a *diaíresis* se encontra completamente relacionada ao Bem na vida humana[25]). Realmente faz sentido chamar de *phrónesis* a "virtude" dialética.

Deixemos de lado esse panorama, aqui motivado pelo emprego da palavra φρόνησις por Platão, e voltemo-nos para o verdadeiro *thema probandum*, ou seja, para o fato de o conhecimento areteico, aos olhos de Platão, encerrar em si uma peculiaridade perante a *tékhne*. Ocasionalmente, isso surge de forma expressiva, por exemplo em *Mênon* 74b, em que é declarado como algo particularmente difícil, μίαν ἀρετὴν λαβεῖν κατὰ πάντων, certamente porque uma moral convencional somente conhece as ἀρεταί em diversidade convencional (cf. 71e ss.). Não obstante, isso é provado em especial pelo papel que ocupa o problema da *ensinabilidade* das virtudes na obra de Platão. O *Protágoras* tem aqui uma importância decisiva. Ensinabilidade deveria ser uma consequência obrigatória do caráter cognitivo das *aretai* da mesma forma que são, incontestavelmente, uma consequência obrigatória do conhecimento-*tékhne*. Todavia, ela realmente

---

24. Algumas observações sobre os limites em que tal compreensão ocorre conceitualmente com êxito e é possível aos olhos de Platão podem ser encontradas em meu artigo: Plato und Heidegger (FS Werner Marx 1976 [Edição comemorativa para Werner Marx 1976]).

25. J. Stenzel, na obra *Sokrates* RE IIIA pp. 856 ss., já chamava a atenção para esta componente do διαλέγειν, do escolher.

não segue esse caminho. Essa é uma experiência geral, sobre a qual Platão já pode fazer referência a Teógonis. O fato de a *areté* não ser ensinável como a *tékhne* representa, em certo sentido, o problema central de toda educação. Tradições éticas não se fundam tanto em ensinar e aprender quanto em recorrer a exemplos e à imitação. Xenofonte (*Mem*. A 2) diz claramente que Sócrates nunca teria prometido ser mestre da *areté*, mas que, por meio de seu exemplo (τῷ φανερὸς εἶναι τοιοῦτος), despertava imitadores (μιμούμενος). Normas éticas transmitem-se com uma obviedade marcada pelas tradições sociais, e Protágoras comporta-se totalmente em conformidade com essa ideia de tradições, ao caracterizar "todos os atenienses" como mestres da *areté* política (*Prot*. 327e$_1$). Não afirma, por certo, que todos os atenienses também poderiam ser mestres da injustiça, e exatamente isso consiste em ponto de partida para toda a vida socrática e platônica. A Sétima Carta (325 s.) e a interpretação de Platão sobre a vida socrática na *Apologia* concordam plenamente com esse fato: somente com a exigência de esclarecimento será possível revelar a hipoteticidade do autoconceito moral-político tradicional.

Platão, todavia, ainda vai mais longe, ao contrastar Sócrates, de maneira dramática, com os grandes sofistas. Desse modo, mostra como o novo ideal da *Paideía* assegura essa convencionalidade fazendo a falsa reivindicação de educar por meio de um novo "conhecimento". Eis o novo ideal da *Paideía*: um aprendizado consciente. É a reivindicação dos grandes sofistas de uma época, da qual Protágoras é representante. Prometem educar para a cidadania justa (no sentido antigo da participação ativa nas coisas públicas), ensinando ao discípulo a nova arte da oratória e da argumentação. Como mostra o diálogo

Protágoras, a *Paideía* sofística não reivindica, em absoluto, impor novas normas através da "arte" por ela ensinada em substituição às normas morais tradicionais, cuja força determinante é exercida por meio da educação exemplar. Através de sua arte, tem por fito transmitir, de maneira nova, *areté* civil – a mesma de sempre. O "conhecimento da *areté*" é sempre sustentado e transmitido por todos. Mas o sofista faz o que todos fazem com "arte" e celebra, nesse sentido, sua nova "arte" como um primor da educação. Na representação platônica, isso vale tanto para Protágoras quanto para Górgias, e muito daquilo que já sabemos sobre ambos, como por exemplo seu grande prestígio social, está em conformidade com isso.

No entanto, agora, a questão socrática põe por terra tudo isso. Nos diálogos homônimos, dos quais também faz parte *Rep.* I (o chamado "Trasímaco"), Platão mostra quão fatal é, na verdade, a nova pretensão cognitiva da *Paideía*. Trata-se de uma orientação "técnica" que se apresenta como *areté*, sem todavia ainda sê-lo. Põe-se a nu esse aspecto, na medida em que ele é apresentado como consequência radical nos imoralistas radicais do calibre de um Trasímaco e de um Cálicles. No diálogo *Protágoras*, essa mesma revelação não é tão expressiva, embora esteja presente; afinal de contas, não resta dúvida de que ali Protágoras deve ser forçado a um hedonismo radical como verdadeira consequência de seu conceito de conhecimento. Mostrando-se melindrado e não se deixando levar por tal consequência radical, torna-se indiretamente evidente que ele deveria assumi-la. Seu conhecimento pragmático e sua "arte" não têm condições, na verdade, de impor ou defender outras normas. No sexto livro da *República*, isso é explicitado de maneira bastante clara a partir de 493 ss. Os chamados sofistas não passam de mercenários da opinião pública. Cada um deles educa para nada além das opiniões que as pessoas formam quando estão juntas, ao que chamam de "sabedoria". A adaptação da nova *Paideía* ao sistema normativo da tradição consiste, portanto, em uma falsa aparência. Ela obscurece a falta de capacidade de esclarecimento dos conceitos tradicionais de *areté*, escondendo que esse mundo normativo se tornou ambíguo em si mesmo.

Assim, a função do paradoxo socrático do conhecimento da virtude consiste mesmo em mostrar que o mundo normativo da tradição tornou-se carente de esclarecimento, mas não capaz de prestar esclarecimento, e que a nova pretensão da *Paideía* é, na verdade, uma *tékhne* do sucesso. É uma falsa aparência de conhecimento e de consciência de capacidade esclarecedora, como se aqui fosse transmitido um conhecimento que justificasse a óbvia continuação da validade do mundo normativo. Como vimos, isso é revelado no *Protágoras* por meio da caricatura de um conhecimento técnico da vida, que seria o conhecimento da maior fruição possível de prazer (μετρητικὴ τέχνη). Não obstante, por meio do paradoxo, vem sobretudo à tona que *areté*, apesar de toda e qualquer pretensão cognitiva, não é ensinável.

Agora se vê quão artisticamente Platão compõe no *Protágoras*, e quanta expressividade já está contida apenas na encenação dramática: a confrontação em que Platão expõe seu Sócrates aos famosos sofistas da época (Protágoras, Górgias, Hípias, Trasímaco) parece ser a única invenção de Platão e serve à intenção de rechaçar a fatal equiparação de Sócrates aos sofistas, na qual se baseou a trágica condenação de Sócrates. Xenofonte relata uma única equiparação comparável a um sofista, aquela referente a Hípias (*Mem.* Δ 4), mas ela está estruturada de forma totalmente diversa: o sofista conhece bem Sócrates – queixa-se de que Sócrates sempre profere os mesmos discursos, sem que dele jamais parta uma resposta positiva (o motivo do Clitofonte). Por essa razão, Hípias insiste em que o próprio Sócrates finalmente se pronuncie positivamente acerca do δίκαιον. Aquilo que Xenofonte faz Sócrates dizer em seguida praticamente não se refere a recordações autênticas. O motivo apologético é demasiado trivial e transparente. Sócrates pode ter manifestado perante o Tribunal nunca ter cometido, ele próprio, uma injustiça, e Platão também o faz afirmar isso. Mas o que Xenofonte faz Sócrates dizer acerca do próprio δίκαιον, tanto que se trataria do νόμιμον quanto o que afirma sobre ἄγραφοι νόμοι, bem como sobre a justificação da proibição do incesto e sobre os deuses, é amorfo e deixa o parceiro sofista concordar de forma igualmente amorfa, assim como fazem todos os outros parceiros nos *Memoráveis*. Totalmente superficial é a outra conversa de Sócrates com um sofista que se encontra junto a Xenofonte: com Antífono (*Mem.* A 6). Em todo caso, essas confrontações apologéticas ingênuas não têm nenhuma semelhança com os grandes diálogos sofistas de Platão.

Em contrapartida, no *Protágoras*, Platão escarnece do pseudoconhecimento sofístico e da pretensão de ensino reivindicada para tal conhecimento, contrapondo àquele a pretensão cognitiva socrática; e o resultado muito eloquente, diante do qual o diálogo se detém, consiste em Sócrates obrigar o sofista a concordar com que *areté* seja conhecimento, embora conteste, por seu turno, sua ensinabilidade. Mas, se Sócrates realmente se referia ao caráter do conhecimento no sentido da *tékhne*, teria então de defender sua ensinabilidade. Que conhecimento é esse, então, de que aqui se fala e que não é ensinável abertamente? A esse respeito, deve-se indagar o leitor. Em todo caso, o leitor do *Protágoras* terá de esclarecer para si que o conhecimento e o dom de prestar esclarecimentos que Sócrates busca nada têm a ver com a ideia de *tékhne* sofística. Isso fica claro desde o primeiro momento. A dúvida em torno da ensinabilidade da *areté* domina desde o início todo o diálogo de forma oculta já nas primeiras cenas. Trata-se, indubitavelmente, do lógico efeito conclusivo da invenção dialógica, por meio do qual Platão faz encerrar o *Protágoras* com um desfecho de comédia: o caráter cognitivo da *areté* não pode ser o caráter cognitivo da *tékhne*, nem tampouco o da nova *Paideía* que se arvora em *tékhne*.

Através de toda a série de diálogos socráticos que desembocariam em um final negativo, seria possível demonstrar quão pouco o conceito de *tékhne* se presta a evidenciar como conceitos o conhecimento do Bem e a essência da virtude. Para tanto, o *Mênon*, que faz essa questão avançar um passo à frente, assume uma posição francamente central. Em primeiro lugar, esse diálogo lida com os mesmos problemas que o *Protágoras*, ou seja, com a ensinabilidade, repetindo, no fundo, a paradoxia em que se imbrica a pretensão esclarecedora da *areté*; a paradoxia, na verdade, segundo a qual daí deveria resultar a ensinabilidade. Mais uma vez, essa pretensão cognitiva rompe-se nos fatos da experiência ética e política. Os filhos de grandes homens, que certamente usufruíram toda a educação imaginável, não raro, são grandes decepções. Assim pensando, o fator determinante deve ser, aqui, algo que esteja além do conhecimento – Platão chama a isso θεία μοῖρα, determinação divina.

Aqui se encontra fincada uma verdadeira cruz da interpretação tradicional de Platão. Parece incompleto querer atenuar a própria exigência de Sócrates por prestação de esclarecimento e a implacabilidade dessa sua exigência, achando que a "determinação divina" surgirá em seu lugar. Intérpretes sensíveis veem aqui uma alusão ao único verdadeiro mestre da *areté*, que seria o próprio Sócrates. Agora, certamente é correto afirmar que o final de todo o fracassado diálogo com Mênon faz uma alusão a Sócrates como o verdadeiro e único mestre. Todavia, renunciar-se-á ao correto, caso não se reconheça, de pronto, o aspecto geral ali contido. Não se trata de uma sacralização do carismático Sócrates, ainda que Sócrates, aos olhos de Platão, realmente tenha sido alguém com essa característica. Para Platão, trata-se, muito mais, de superar o falso conceito de aprendizagem e conhecimento que domina tanto o jovem Mênon quanto seu "mestre" Górgias. A isso se presta a referência feita à determinação divina[26].

Todo o diálogo com Mênon é dedicado a essa tarefa. Basta apenas indagar a Platão: quem era Sócrates, e o que era seu conhecimento? Na verdade, ele declarou ser o conhecimento do não conhecimento a verdadeira "sabedoria" humana. Seu ensino nada poderia ser senão o que sempre é: acusar o não conhecimento e, justamente com isso, tornar urgente tanto o dom de prestar esclarecimentos quanto o conhecimento. Para quem conseguiu realizar suas próprias buscas e indagações, nulas são as hipoteticidades pretensiosas que Mênon, por exemplo, aprendeu e presumiu com um Górgias, e ainda mais nulo é um sofisma que tenha por fim dissuadir alguém, pela

---

26. Também a alusão à "determinação divina", contida na *Rep.* 492e, encontra-se em um rumo contrário à *Paideía* sofista.

argumentação, de toda e qualquer busca e indagação, como faz Mênon com cega astúcia. É este o efeito conclusivo do *Mênon*: Platão eleva ao patamar de tema expressivo a aporia com que os diálogos socráticos costumam finalizar.

Também aqui, inicialmente, é levada ao fracasso uma série de tentativas de definições da *areté*, que escondem com maior ou menor evidência a maneira como, por trás da convenção moral, se encontra a única realidade da busca de poder. A última resposta tentada por Mênon manifesta muito bem esse aspecto, quando ele se apropria das palavras do poeta (χαίρειν τε καλοῖσι καὶ δύνασθαι) como se *areté* apenas fosse: poder angariar o Belo que se cobiça (77b). Mas o novo passo é mostrar que a "aporia", na qual terminam as tentativas de Mênon em determinar a essência da *areté*, representa justamente a condição sob a qual se pode *indagar* acerca dela. Não obstante, indagar significa, aqui, indagar-se. O conhecimento somente pode ser *evocado*. Todo e qualquer conhecer é reconhecer, sendo, nesse sentido, lembrança de algo conhecido.

O diálogo travado com Mênon deixa isso totalmente claro a partir do sentido oposto. Mênon apresenta-se como alguém que tenciona apoderar-se da mais nova sabedoria da maneira mais medíocre possível, evadindo-se ao ver-se obrigado a questionar a si próprio. Desse modo, acaba sendo o pano de fundo certo para se entender o que "conhecimento" e conhecer na verdade são. É a doutrina da *anámnesis* que exprime o verdadeiro sentido da indagação socrática. Como alguém que apenas se "lembra" de si mesmo, Sócrates é mestre, enquanto Platão é alguém que, com sua representação do agir socrático, lembra que conhecimento é lembrança, reconhecimento.

Isso é introduzido aqui como um mito, ou seja, segundo parece, não como um argumento próprio, mas como uma mensagem de natureza religiosa. É necessário, contudo, vermos o mito da *anámnesis* à luz de nosso questionamento. Será mesmo um mito? Decerto, a doutrina é introduzida no *Mênon* como um mito, fazendo referência a versos de Píndaro e à doutrina da metempsicose pitagórica. Mas já a autoridade a que Sócrates se refere soa estranha: sacerdotes e sacerdotisas que possuem a capacidade esclarecedora! No âmbito da religião grega, que não era uma religião calcada em livro sagrado nem em doutrina justa, mas na veneração e no temor que cada indivíduo professou e na adoração do divino, isso era absurdo. E então é demonstrada com muita sobriedade a tese de que toda busca e aprendizagem seriam "lembrança", sem nenhuma referência religiosa. A célebre aula que Sócrates ministrou ao escravo de Mênon está longe de ser uma argumentação em prol da doutrina religiosa da preexistência das almas. Não se pode negar que, em cada passo dessa lição, tem-se o cuidado de registrar que o escravo não está sendo "ensinado", mas que ele próprio está-se dando conta de cada passo, tanto dos negativos quanto dos positivos, isto é, demonstra uma espécie de conhecimento, sem jamais ter "aprendido" matemática. Todavia, após todos esses eventos, chama mais ainda a atenção que, quando a conclusão é puxada para uma época pré-humana em que a alma já conhecia e, com isso, para a imortalidade da alma, no final, isso acaba não sendo considerado uma prova válida. Em vez disso, abre-se mão de tal pretensão argumentativa de maneira explícita (*Mên*. 86b). Assume-se apenas a certeza prática (λόγῳ καὶ ἔργῳ, 86c$_2$) de que é melhor atermo-nos a isso, que podemos buscar e que não nos devemos deixar enganar por objeções sofísticas. O horizonte mítico em que Sócrates coloca essa certeza sem solenidade irônica presta-se, no fundo, apenas para ilustrar a autoexplicação da consciência indagadora.

Isso se revela inteiramente convincente no *Fédon*. Nele é retomado o motivo anamnésico que, desta vez, é explicitado de modo não mítico.

A maneira como a doutrina da preexistência é provada por meio do "pré-conhecimento" a que subjaz todo e qualquer conhecimento não está isenta nem mesmo de comicidade. Com certeza, aí se exprime que aquilo que essa prova de preexistência evidencia com convicção pseudológica, embora respeitável enquanto bem de tradição religiosa, mal consegue experimentar uma legitimação racional de tal estilo. Sobretudo a agudeza da argumentação, produzida por meio da objeção feita por Símias, segundo quem o conhecimento bem que poderia coincidir com o nascimento de um ser humano, torna palpável a discrepância entre a pretensão mítica e a conceptualidade lógica em que se move a argumentação. Nessa intenção, torna-se evidente que Platão faz seu Sócrates perder-se na seguinte argumentação (*Féd.* 76d): uma vez que o conhecimento não pode ser obtido após o nascimento, deverá então remontar a uma vida "anterior" – a não ser que fosse adquirido no momento do nascimento. Mas não é o que ocorre, como bem demonstra o desconhecimento inicial de qualquer recém-nascido. Simultaneamente, o conhecimento é, portanto, adquirido e perdido – uma tremenda asneira, é o que parece, e, com isso, parece pôr-se um termo à objeção feita por Símias. Ou seria, no final, uma advertência para que se enxergue, com seriedade, a simultaneidade existente entre conhecimento e não conhecimento, garantindo-se nisso a teia interna existente entre conhecer e reconhecer, a qual se expande apenas para um pensar "mítico" na sucessão temporal de uma pré-vida mítica e uma recordação posterior? Seja como for, urge que abstraiamos a forma de representação mítica, se quisermos seguir as intenções de Platão, tanto no tocante ao *Mênon* quanto em relação ao *Fédon*. Tentemos precisar melhor um pouco dessas intenções.

Após passar pelas soluções equivocadas, no *Mênon*, o escravo reconhece o quadrado feito através da diagonal como a tentativa de duplicação. Isso significa que ele antes já sabe o que significa "duplo" – precisa ter domínio do grego (*Mên*. 82b$_4$) – e que mantém os olhos voltados para a duplicação e para o duplicado. É assim que ocorre verdadeira "busca". O tempo em que o escravo mantém seu olhar voltado para o objeto de sua busca é suficiente para "reconhecer" que suas primeiras soluções por meio de duplicações estão equivocadas – e para reconhecer a verdadeira solução, quando esta lhe é apresentada. Como sabemos, ele não a encontra sozinho. Sócrates tem de mostrar-lhe a solução (85e$_4$). Tal fato, todavia, não é o mais importante, e sim que ele próprio a reconheça como o objeto da busca.

É notável tratar-se, aqui, de um entendimento matemático, e não do resultado de uma generalização empírica. O escravo sempre entende tanto de matemática que compreende a tarefa a ele apresentada como uma coisa normal, sem conscientizar-se disso, percebendo-a como uma tarefa de cunho eidético-geral. Todo o percurso em que o escravo é conduzido à percepção eidética passa através de campos eidéticos. Mesmo suas tentativas equivocadas de solução, as primeiras por ele empreendidas, têm intenção "eidética": somente são equivocadas do ponto de vista matemático. A percepção dos equívocos de suas primeiras tentativas não significa para o escravo – ao contrário do que ocorre com seu senhor – nenhuma espécie de intimidação, possibilitando-lhe, na verdade, o correto entendimento que, por meio de bastante repetição do exercício, se estabilizaria como conhecimento matemático genuíno (85c ss.).

Não obstante, o exemplo matemático representa aqui tudo o que Platão chamaria de verdadeiro conhecimento ou entendimento. Nele sempre estão ἀληθεῖς δόξαι em relação àquilo que não se conhece (Mên. 85c$_6$). E isso certamente resultou da instrução matemática de que é necessária a refutação das hipóteses falsas para que elas sejam reconhecidas como tais. Porém, isso também compreende que a hipótese "verdadeira" sempre é dada como existente. Ilustra-se, pois, a essência da busca e do aprendizado (ζητεῖν, μανθάνειν, 81d$_4$). Exige-se que se conheça o que não se conhece, o que exige, por seu turno, ser refutado. Na verdade, conhecer o que não se conhece não é simplesmente desconhecimento. E sempre implica reentendimento. Obviamente, isso vale sobremaneira para a *areté*; e, ainda que o *Mênon* não o exprima claramente, está claro – justamente em razão do novo subterfúgio de *Mênon* 86c$_7$ – que a questão sobre o que seria a *areté* deveria conduzir ao conhecimento do Bem (cf. *Mên.* 87b-d). Ele acompanha a vida prática permanentemente. Sempre que preferimos uma coisa à outra, cremos poder justificar esse ato. O conhecimento acerca do próprio Bem está sempre em jogo.

Não menos elucidativa é a recapitulação que Sócrates faz, no *Fédon*, da doutrina anamnésica. Em uma análise maestral e baseada em ensinamentos gradativos, Sócrates desenvolve ali os motivos pelos quais todo conhecimento é lembrança. Nesse sentido, parte de casos inequívocos do "ser lembrado". A lira lembra o dileto amigo. Um amigo lembra seu amigo. Mesmo a efígie de um amigo lembra outro amigo. Sim, a efígie do amigo é uma lembrança dele próprio. Eis um "ensinamento" engenhoso cujo último passo causa perplexidade. Aqui já não diríamos que "lembra", mas: na efígie, "reconheço-o". Ora, exatamente pelo fato de "reconhecer" resultar, "aqui", em uma espécie de "lembrança", Sócrates consegue aquilo que lhe importa: dessa forma, afasta-se o reconhecer de todo e qualquer "aprendizado".

Ressalte-se que se deveria levar em conta que o próprio exemplo não é nenhum caso genuíno de "ser lembrado": ao fitar a lira de seu amigo, o amante não se lembrará de alguém que esquecera! O amigo está tão próximo do amante e presente em sua mente que por ele é lembrado em toda ocasião. Vê, pois, todas as coisas – e, por conseguinte, também a lira – à luz de sua paixão. Isso é significativo. A equiparação desse "ser lembrado" à lembrança de algo esquecido é totalmente artificial. Isso é evidenciado indiretamente pelo trecho intercalado 73e$_1$: μάλιστα μέντοι. Na verdade, aqui, *mnéme* tem muito mais importância que *anámnesis*[27]. Reconhecer também não é, na verdade, um "ser lembrado" de algo esquecido, mas uma nova elucidação a respeito de algo conhecido. Se reconheço algo como algo, então vejo, nessa luz, algo que conheço. Estendo-o a algo que, por sua vez, é-me conhecido diante de meus olhos (τῆς φύσεως ἁπάσης συγγενοῦς οὔσης, *Mên.* 81d$_1$).

---

27. Com relação a esses contextos, cf. a ampla discussão na obra de Jacob Klein, *A Commentary on Plato's Mênon* [Comentário sobre o Mênon de Platão], pp. 108-72, que, com justeza, alude também ao *Filebo*.

Considerar-se-á esse "pré-entendimento" correto sobretudo para o autoconceito da virtude e para a questão do Bem, da mesma forma que também Mênon quis esquivar-se dessa suposição, provocando, assim, o concurso da *anámnesis* por intermédio de Sócrates. Todavia, mesmo no *Mênon*, não pode haver dúvida de que Platão o imaginava em um sentido muito mais amplo, que deveria fazer jus a todo e qualquer verdadeiro conhecimento. A arte dialética do distinguir, que separa o Bem do Mal (ou que separa, como diríamos com arrefecimento moral, o correto de tudo o que não fosse correto fazer), tem de encontrar sua aplicação estendendo-se o máximo ao conhecimento de tudo o que é conhecível. No final, a estrutura da *anámnesis* vai tão longe quanto a possibilidade de indagar. Indagar é buscar e encontra-se, enquanto tal, sob a batuta do objeto da busca. Somente se pode buscar conhecendo aquilo que se busca – somente então, somente à vista do objeto buscado, pode-se excluir, limitar e reconhecer em geral. É o que ensina o *Mênon*.

Outro exemplo, por meio do qual a intenção de Platão se evidencia indiretamente, é o fracasso dos parceiros sofistas de Sócrates ao quererem indagar. Indagar parece-lhes o papel superior pelo qual se devem, portanto, envidar esforços. Mas indagar não é nenhuma técnica de desempenhar papéis. O indagador sempre é, ao mesmo tempo, o autoindagador. A indagação se coloca – tanto para ele quanto para o outro. Essa é a dialética do diálogo, e sua estrutura lógica é, ao mesmo tempo, sinopse e *diaíresis*: o conhecimento daquilo como que nos "conhecemos" e de como nos entendemos a nós mesmos assemelha-se a todo o conhecimento daquilo que conhecemos, sempre συνορᾶν εἰς ἓν εἶδος e, da mesma forma, κατὰ γένη διαιρεῖσθαι, distinção. Estamos sempre em tensão dialética para com as preopiniões que nos cercam e se apresentam como conhecimento, mas que, na realidade, tomam o particular de determinada opinião pelo todo. Isso vale tanto para o indagado quanto para o indagador. A expressão platônica mais abstrata para tal circunstância é a seguinte: confundir τὰ μετέχοντα com o αὐτό (*Rep.* 476d). Isso já está traçado no *Mênon*, embora somente mais tarde, sobretudo na *Politeía*, vejamo-nos obrigados a assumir a consequência manifesta desse fato.

Por conseguinte, a sentença socrática, segundo a qual *areté* seria conhecimento, revela-se uma provocação. Ela não é ensinável da mesma forma que conhecimento, embora seja, irrefutavelmente, capaz e carente de prestar esclarecimentos. Agora fica claro que também Aristóteles adotou esse lado positivo do paradoxo socrático do conhecimento da virtude. *Areté* não é *lógos*, mas μετὰ λόγου. Tento tornar crível que essa formulação, na verdade, equivale plenamente à intenção platônico-socrática e está por trás de toda a "intelectualização" da *areté* que se pronuncia nos diálogos platônicos. No meu modo de ver, o fato de o próprio Aristóteles, com seu meio reconhecimento do "Sócrates" (*Ét. niq.* Z 13,1144b$_{17}$ ss.), levar ao pé da letra e corrigir o paradoxo platônico-socrático da equiparação entre virtude e conhecimento não se volta contra tal fato. Essa é a maneira aristotélica de entender as "frases" por seu teor textual e não em relação à sua intenção, relegando-as à sua unilateralidade. Eis o uso que Aristóteles faz da "dialética", ponderar as unilateralidades existentes nas opiniões de diferentes indivíduos entre si; e o que normalmente alcança com essa maneira geralmente violenta é melhor articular-se e acrescentar ao conceito o obviamente pressuposto. Aqui, com sua crítica, Aristóteles obtém o conceito do *éthos* – e, como todo ganho conceitual, dá origem a novas indagações, as quais ainda teremos de nos colocar sob o título de "filosofia prática".

Aqui, um aspecto determinante deverá ser uma compreensão hermenêutica geral, com um claro perfil apoiado justamente em diálogos como os socráticos, mas que, no final das contas, valha para todo e qualquer "diálogo da alma consigo mesma" que seja pensamento. Em vez de caírem do céu, afirmações do tipo "virtude é conhecimento" são determinadas, em seu teor, por aquilo a que "respondem". No caso de Sócrates, essa é a tradição moral confusa a quem a sofística promete uma falsa refundamentação, "tecnológica", em um novo "conhecimento". Nos pontos que compartilham na defesa desse conceito técnico de conhecimento da sofística, Platão e Aristóteles demonstram, na verdade, uma profunda união. No fundo, a intenção de Platão nessa direção passa somente por uma elaboração calcada na ligação aristotélica entre *lógos* e *éthos*. Não seria absurda a opinião geralmente predominante, segundo a qual Platão teria subestimado a importância da habituação e da criação no sentido do conceito aristotélico? Afinal de contas, Platão imagina toda uma cidade ideal em que, formalmente, um super-*éthos*, uma formidável habituação com a virtude, dá o tom. Por certo, esse aspecto do *éthos* somente vem à tona em uma representação quase mítica de um novo super-*éthos* e não conceitualmente. O "domínio dos filósofos" permanece uma terrível provocação, na medida em que, com isso, o conhecimento puro, a *theoría*, a indagação humana acerca da vida correta, a indagação acerca do Bem, parece precisar ser respondida. Urge que nos indaguemos sobre o alvo para o qual aponta a utopia platônica. Com que finalidade ela se encontra escrita? Ora, a mim parece que a utopia da *Politeía*, enquanto a questão acerca do Bem seja respondida por ela, tem como alvo o mero esclarecimento conceitual que a *Ética nicomaqueia* oferece com sua análise equilibrada sobre o contexto de *éthos* e *lógos*. Em todo caso, a ética aristotélica tem como pressuposto a virada socrático-aristotélica em direção ao *lógos*, fundamentando-se nessa base.

Por essa razão, parece-me justificado continuar com a tentativa de remontar aos bastidores das teias de relações polêmico-críticas que ligam Platão e Aristóteles e fazer uma leitura das paradoxias contidas nos escritos platônicos à luz desses pontos comuns. O próximo passo nesse percurso deverá considerar as relações existentes entre o *Protágoras* e o quarto livro da *Politeía*.

II. O CONHECIMENTO DO BEM E A *PÓLIS*

No *Protágoras*, a Unidade e a Multiplicidade das chamadas virtudes cardinais foram elevadas à condição de problema, e seu surgimento no "Ser Conhecedor" de Sócrates foi revelado com meios amiúde sofísticos. Em geral, a sofística desses meios, como enfatizado acima, pressupõe a garantia de intenção apontando para o que se quer dizer e completando-se nessa intenção. O fato de o dom do esclarecimento e a responsabilidade integrarem a conduta ética certamente também inclui que a totalidade da consciência e do ser ético sempre estão em jogo. Por esse motivo, o dom do esclarecimento não pode estar restrito a uma ou outra manifestação ética, nem a determinado tipo de conduta ética nem a determinado "saber". Por certo, Sócrates tem isso em mente quando, entre a virtude única e "o bem", leva à frente o jogo da dialética. Não obstante, de acordo com a natureza da própria coisa, trata-se do mesmo que Aristóteles afirma em sua *Ética nicomaqueia*, ao refutar a separação das diferentes formas de *areté* (excelência moral) e conferir ao λόγος da φρόνησις a mesma função unificadora (*Ét.*

niq. Z 13, 1144b$_{33}$). No *Protágoras*, o problema presente em muitas das confutações (*elenkhoi*) socráticas torna-se especialmente palpável, na medida em que ali se coloca, desde o início, a questão explícita acerca da unidade das muitas virtudes. Sobretudo quando Protágoras defende a posição especial da *andreía* [coragem] contra a unidade insolúvel das outras virtudes, torna-se bastante claro quão superficial é a maneira como julga a convenção moral: a *andreía* surge como uma qualidade especial que se exige de soldados. Aos olhos de Aristóteles, isso não passaria de uma simples φυσικὴ ἀρετή (*idem*, 1144b$_{36}$). É exatamente isso que Platão tem em mente. No *Protágoras*, Sócrates mostra que *andreía* também é "conhecimento". Platão persegue essa linha desde o *Protágoras* e o *Laques*, passando pela *Politeía*, até sua obra da velhice, *As leis*, na qual dedica um tratamento especial à *andreía* – uma crítica ao filolaconismo teimoso, penso eu, de que leitores superficiais de sua *Politeía* o possam ter repreendido.

O livro correspondente da *Politeía*, o Livro IV, coincide inteiramente com a intenção socrática presente no *Protágoras*. A própria temática geral da *pólis* ideal já representa, em certo sentido, uma resposta precedente à questão lançada no *Protágoras* sobre a unidade das virtudes. O fato de o quadro geral agora ser a *Politeía* mostra, desde o início, que se trata da unidade na multiplicidade. A multiplicidade dos estamentos, assim como a das "partes da alma", é ordenada na direção da unidade e da harmonia. No Livro IV, pode-se ler, em primeiro lugar, o ordenamento do Estado em estamentos e, em seguida, o ordenamento da alma no tocante às "virtudes". São as virtudes cardinais tradicionais. Designo-as como as virtudes "supostamente" platônicas, porque não são, na verdade, "platônicas"; trata-se, muito mais, das virtudes tradicionais. Trata-se de um entendimento que se acabou impondo hodiernamente. Na verdade, apenas se faz mister examinar com precisão as "definições" contidas no Livro IV para entender que as quatro virtudes são estilizadas com engenhosidade, apontando para o momento de conhecimento que todas em si encerram, ou seja, são reinterpretadas em sentido socrático. A coragem, que no *Protágoras* ainda representa o mais duro ponto de resistência da moral convencional, agora é compreendida não apenas – como ocorre no *Protágoras* – como o conhecimento sobre o perigoso e o não perigoso. Essa provocação paradoxal é sobrepujada por meio de um paradoxo maior; com isso, evidencia-se o que Platão tem em mente. "Coragem" não se revela tanto na obviedade de uma ameaça a ser temida quanto no perigo oculto que o "encantadoramente-agradável" (ἡδύ) representa – e isso, no campo da política, é o perigo da bajulação, que se deve temer mais que a ameaça aberta proveniente do antagonista. O significado universal de coragem que Platão quer mostrar torna-se evidente ao lhe oferecermos a referência mais genérica e abrangente que inclui a "coragem civil": é o perigo do conformismo, contra o qual se faz necessária a coragem que não se deixa enganar, mas que "sabe".

Agora se pode observar no Livro IV da *Politeía* de que maneira as quatro virtudes cardinais acabam quase desaguando umas nas outras e no conhecimento que elas são. Essa é a evidente intenção de Platão. Ele quer mostrar que as próprias antigas normas do legado areteico firmadas em uma nova base transformam-se em outra coisa, na medida em que se exige dom de esclarecimento sobre o Ser-Bom nelas contido, e já não basta a mera escolha de exemplos nem sua imitação. São todas *phró-*

nesis. A pergunta de Sócrates, feita no *Protágoras*, acerca da unidade das *areté*, em que indaga se elas são como as partes de uma pepita de ouro ou mais como as partes de um rosto, oferece um belo perfil do novo entendimento de *areté*: ambas as comparações são inadequadas. Afinal de contas, sugerem o entendimento de *areté* voltado para fora, típico do ponto de vista convencional, de modo que ambos os lados da alternativa assim formulada conduzem a um caminho errado. De forma alguma, *areté* deve ser pensada primariamente como uma unidade ou multiplicidade de modos de conduta que se apresentem a um observador; é, bem mais que isso, "Conhecer-Se", *phrónesis*. É, em última instância, a referência ao "Bem" em que nossa conduta ganha sua unidade.

Agora, a *Politeía* platônica confronta-nos com o problema de introduzir o conhecimento do Bem posteriormente e apenas em um segundo turno. Após o caráter cognitivo das *areté* ter vindo à tona em todas elas, a analogia entre a harmonia dos estamentos na *pólis* e a harmonia das almas em sua "saúde" parece bastar para responder à definitória pergunta acerca da justiça. Com o resultado obtido no Livro IV, atinge-se a meta. A esse aparente resultado, a definição da justiça, segue-se então – como se sabe, apenas por caminhos sinuosos – a questão mais abrangente acerca da μέγιστον μάθημα, a ideia do Bem. Agora chama a atenção que a posição ocupada por essa questão e sua aplicação ao estamento de guardiões do Estado ideal não resulta, como se poderia esperar, do contexto de justificação para multiplicidade e unidade das *areté*, um contexto cuja falta se faz sentir, em todo caso, no resultado definitório do Livro IV (435c ss.)

Não se pode negar que se faz menção ao resultado do Livro IV, ou seja, à definição das quatro virtudes (504a) e principalmente à δικαιοσύνη (504d$_6$). A insuficiência do modelo ali apresentado (ὑπογραφή, 504d$_7$) também é primorosamente formulada no confronto entre aprendizagem e treinamento (μανθάνοντι – γυμναζομένῳ, 504d$_1$). Da mesma forma, no fragmento 503e$_2$, já se admitira explicitamente como uma falta cometida o fato de os "guardiões", ademais, terem de adestrar-se em muitas ciências, para que sua "natureza" também seja capaz de internalizar o conhecimento sobre o mais importante – trata-se, é claro, do Bem. Não obstante, isso não se desenvolve a partir da problemática areteica. Muito mais que isso, o conhecimento do Bem simplesmente é tratado aqui como o supremo, cujo caráter indispensável goza de reconhecimento geral. Ele deverá coroar a seleção e a educação dos "guardiões" do Estado ideal. Assim, permanece um tanto obscuro como as duas coisas se casam: a justificativa da unidade areteica no "conhecimento do Bem" e a função propedêutica das ciências para tal conhecimento.

A educação dos guardiões, conduzida através das diversas disciplinas das ciências matemáticas para a dialética, para a arte da distinção, é educação por meio de *theoría* e para a *theoría*. Tal fato conduz, do "momento de conhecimento" que está contido em cada *areté*, aparentemente para bem longe. Sim, no final, a relação do interesse teórico, no qual são formados os guardiões, para com a tarefa de liderança política à qual se destinam acaba-se agravando até gerar um conflito (*Rep.* 519d ss.). Está claro que os liberados da caverna da experiência sensualmente turva e da rotina prática, os liberados para a *theoría*, são incapazes – objeta-se – de sentir, espontaneamente, um impulso que os leve de volta à caverna da política, na qual se encontra todo o conhecimento inexato e onde tudo sempre ocorre de forma equivocada.

Na verdade, Sócrates não vê nenhuma dificuldade em justificar-se contra essa objeção (*Rep*. 519c): em seu Estado ideal, não há nenhum tipo de esfera privada para o indivíduo e, desse modo, também não há nenhuma questão acerca da felicidade do indivíduo. Ele refuta, portanto, a questão sobre se não ocorreria uma injustiça para com os que se rendem à teoria, ao serem obrigados a largar a realização superior que encontrariam na *theoría* e ao se verem levados a realizar, pelo menos temporariamente, o feio mister da política. O importante não é sua própria felicidade, mas a felicidade coletiva. Sim, até se chega a confiar em que esses guardiões ideais da *pólis* ideal não veriam isso como uma coerção de outrem e chegariam até mesmo a submeter-se, de sã e própria consciência, às tarefas políticas a eles propostas (*Rep*. 520d).

Todavia, convém indagar-se: deverá ser essa uma verdadeira resposta à questão sobre como se entende a existência teorética nesse mundo da aparência, no qual se erige o poder social? No Estado nefelibático da *Politeía* platônica, todos os problemas, que em outras situações confundiriam e distorceriam a vida socioestatal, certamente são resolvidos de forma ideal. Cada indivíduo faz sua parte, e tudo é organizado de modo tal que o bem-estar coletivo tende a crescer. Aos detentores do conhecimento, educados como líderes da *pólis* e formados para a ciência, as vias em que deverão mover-se estão preestabelecidas, da mesma maneira que ocorre com os outros estamentos. O fato de esses últimos serem detentores do conhecimento, de encontrarem sua realização no conhecimento e na dedicação à *theoría* e, enquanto tais, de não poderem ser tutelados pela providência onissapiente do fundador do Estado, não causa grandes preocupações ao poeta dessa *pólis* ideal, o qual se sabe onipotente. Cada indivíduo faz parte do todo[28].

Aqui, portanto, nega-se todo e qualquer conflito. Mas o que significa isso? Será que, desse modo, não se estaria realmente mostrando o conflito para o indivíduo pensante? Na verdade, sim. Para mim, não parece que Platão tenha em mente o conflito entre o reconhecimento da Verdade – ao qual a "existência teorética" se consagra – e a verdadeira vida política em todo seu vigor, assim como parece indubitável que Platão, em sua "solução" utópica, apresenta o conflito de maneira indireta. Para Platão, a opção por uma vida apolítica e teorética parece ser plenamente justificável. O longo tratado suplementar contido no *Teeteto* utiliza uma linguagem clara. Todavia, em sua *pólis* ideal, o fato de os iniciados nos estudos teoréticos terem de reconhecer o comprometimento político por eles devido em função de tais condições preferenciais (520a s.) também pode ser considerado uma prova *e contrario*. Isso também corresponde ao autotestemunho contido na Sétima Carta. De acordo com essa carta, Platão reconheceu que não apenas sua cidade natal, mas todas as cidades e todo o ente estatal encontravam-se extremamente corrompidos e extremamente irreparáveis – "a não ser que ocorresse uma reforma de incríveis dimensões" –, tendo-se também distanciado por completo da política – ἐπαινέσας τὴν ἀληθινὴν φιλοσοφίαν –, colocando acima de tudo o esforço teorético em torno da Verdade. A Sétima Carta chega até a aludir, de modo explícito, ao ideal do domínio dos filósofos, certamente como uma legitimação indireta para um isolamento na

---

28. Recorde-se que, no Livro IV, a verdadeira *sophrosýne* (*Rep.* 431e ss.) já fora introduzida como *areté* coletiva dentre todas.

esfera privada. Contudo, a questão que se coloca é se basta uma interpretação autobiográfica para também registrar a intenção com que Platão redigiu sua utopia estatal e para exaurir o sentido da *Politeía*. Esse escrito, que certamente significou um imenso desafio e uma renúncia em relação a Atenas, deveria expressar, em termos gerais, a incompatibilidade entre filosofia e política? Queria Platão caracterizar como insolúvel a tensão contida entre existência teorética e política?

Não obstante, está claro que essa *pólis* ideal não pode ser realizada. Todas as condições para sua viabilização, desde a comunidade de mulheres e crianças, passando pelo domínio dos filósofos, até a retirada de todos os indivíduos maiores de dez anos da cidade a ser reorganizada, dão provas de sua impossibilidade. É visível a hesitação de Gláucon quando, diante da pergunta sobre quem seria capaz de guardar as leis e os costumes da cidade da *pólis* ($484b_8$), nada mais consegue a não ser dar "os filósofos" como resposta, permanecendo até o final um interlocutor hesitante: εἴπερ ποτε γίγνοιτο, *Rep.* $541a_8$ e, de forma ainda mais decidida, 592ab. Mas será esse todo o sentido dessas invenções, reconhecer sua absurdidade, exacerbar a impossibilidade do ideal? Deve-se ler essa utopia estatal apenas de forma negativa, deve-se deixar convencer-se apenas da incompatibilidade existente entre vida teorética e vida estatal? Certamente, haveria aí um grande desperdício de espírito e espiritualidade. Pois até um cego vê que uma cidade dessa natureza não é possível, o que é enfatizado sobremaneira pela complicada argumentação acerca de sua impossibilidade. Intenciona Platão nada mais a não ser caracterizar como insolúvel o conflito entre *theoría* e política?[29]

---

29. Essa é a opinião defendida por Leo Strauss e Allan Bloom.

Decerto, faz-se mister ler o livro em toda sua extensão como um único mito dialético. Ocasionalmente, isso é expresso pelo próprio Platão até mesmo como um princípio: τοὐναντίον ἢ νῦν (497e). Mas também é certo que se faz necessário ler todas as instituições e aparatos nessa cidade-modelo como metáforas dialéticas. Fazer uma leitura dialética não significa, é óbvio, simplesmente ler o inverso da verdadeira opinião. Aqui, fazer uma leitura dialética tem o seguinte significado: há de se fazer uma relação, de caso para caso, entre essas exigências utópicas e o inverso delas, a fim de, no meio de tudo, encontrar o realmente "intencionado", ou seja, reconhecer o que é e o que poderia ser melhor. As instituições de tal cidade-modelo não pretendem incorporar pensamentos reformistas, mas, *e contrario*, tornar visíveis os verdadeiros desequilíbrios e perigos para a existência de uma "cidade", procedendo, à guisa de exemplo, a uma revogação da família, tornando visível o papel corruptível da política familiar, do nepotismo e da ideia dinástica do poder na suposta democracia da antiga Atenas (e não apenas lá).

Sem sombra de dúvida, há de se fazer uma leitura dialética da argumentação em prol do domínio dos filósofos, assim como tudo o mais que é dito sobre esse grandioso Estado nefelibático. Ela não é a indicação de um caminho para realizar o Estado ideal – mas também não se deixa absorver por apresentar indiretamente a prova de sua impossibilidade; inversamente, revela algo que não é apenas a obviedade de que nenhuma *pólis* está pronta para se deixar reger por tais "filósofos". Do agir político do verdadeiro estadista e da verdadeira existência, fazem parte tanto o foco voltado para "o Bem" quanto o conhecimento da "realidade": será que isso também não deveria encontrar seu reconhecimento, positivamente, no paradoxo do rei dos filósofos? Para tanto, poder-se-ia fazer referência a fatos da história da vida, quero dizer, poder-se-ia fazer referência à tentativa reiterada que Platão fez com Dionísio II em Siracusa. Ali, ele seguramente não tinha a intenção de propor ao tirano a comunidade de mulheres e crianças (tampouco posteriormente, no tocante aos amigos de Dion, aos quais ele faz sensatas recomendações, como uma anistia geral). De forma indireta, também se pode depreender o que Platão expressa nessa utopia. Trata-se, ali, tão pouco da real possibilidade da cidade ideal que até poderia ficar em aberto a questão sobre se os filósofos deveriam ser transformados em dominadores ou se os dominadores deveriam ser formados filósofos.

Interessa, unicamente, o significado do paradoxo dos dominadores filósofos, ou seja, o que ele revela sobre o que normalmente são dominadores e domínio. Desse modo, por um lado se encontra a lei inerente a todo e qualquer poder, em virtude da qual esse último a nada mais está atento senão a seu próprio crescimento. À lei contrapõe-se, como seu oposto, quem está plenamente dedicado ao conhecimento e não vê nenhum interesse no poder. Conhece algo melhor, mais elevado, a que gostaria de dedicar-se. Se Platão agora quer afirmar que tal indivíduo estaria mais vocacionado para conduzir as coisas públicas, com isso acaba revelando que sedução reside na posse do poder: querer apenas a si próprio. Imunização contra essa sedução é a tarefa da educação dos guardiões. Esse é o meio para o qual Platão aqui aponta: o modo como o Estado deveria ser equipado para o exercício do poder, de forma que esse último fosse desempenhado como uma função pública, e não explorado como uma oportunidade para alguém satisfazer seus próprios interesses. Eis o que intenciono afirmar: isso não significa uma averiguação apenas negativa da relação existente entre "filosofia" e política, e também se podem reconhecer, com justeza, a instituição do funcionalismo público profissional da era moderna e o ideal da incorruptibilidade dos funcionários públicos na exigência platônica[29a].

Além disso, a possibilidade de ler "dialeticamente" esse esboço de uma cidade ideal é confirmada pela maneira como Sócrates pinta a passagem dessa figura ideal para uma realidade histórica com seu ciclo das constituições. É o conhecido erro de cálculo na contagem do número de casamentos (546d). O espirituoso-misterioso contido nessa ideia parece-me residir em que, nesse cômico fracasso de uma organização cômica, seja representado de maneira simbólica o motivo pelo qual nenhum sistema de ordem social humana imaginado de forma tão bem planejada consegue ter uma existência duradoura. Somente aquilo que se pode viabilizar por meio de organização pensada com artificiosidade acabará sucumbindo à sua própria artificialidade. Essa é a visão aqui transmitida por Platão. O correto cálculo dos casais, que assegura a continuação da *pólis* idealmente ordenada, não fracassa nem em má vontade nem em força exterior, mas em sua própria complexidade. Eis uma assertiva verdadeira sobre o que todos conhecemos como realidade de economia humana planificada: por mais desenvolvida que seja a racionalidade do planejamento – na execução, existe sempre o poder do acaso, e sobretu-

---

[29a]. Cf. Hegel acerca do princípio do estado moderno: "A exigência de Platão é existente em conformidade com a coisa" (*WW* 14, 195).

do sempre há fracasso humano –, no final, mesmo uma organização ideal, asseguradora da existência e compatível com o planejamento acabará afundando no desenvolvimento da vida histórica oscilante. Com isso, por exemplo, a tarefa da razão, ou seja, a organização do agir com sensatez, não será revogada enquanto tal. Para ilustrar, o Livro VIII da *Politeía* empreende que sabedoria e razão não se sentem à vontade apenas no jogo da utopia. Perante a vida histórica "real", também se podem obter, em determinados limites, previsão e entendimento. A doutrina do ciclo das constituições, apresentada no Livro IX, esse genial exemplo de uma penetração intelectual de transcursos históricos, testemunha que a razão humana não está restrita ao reino da utopia e da severa ordem ideal; ela pode muito bem estender-se ao interior do mundo das vagas regularidades. A desordem das coisas humanas nunca é pleno caos. No final, ela forma as margens de um universo ordenado de forma prática, o qual, de outra maneira, também teria suas "margens". Isso sobressai na literatura dialógica de Platão sobremaneira por ele fazer a *República* ser seguida pelo *Timeu*. Representar a *Politeía*, que se deve tornar "real", faz indispensável toda a grande instituição demiúrgica do mundo apresentada pelo *Timeu*.

Todavia, também para os enunciados teórico-científicos contidos na *Politeía*, convém que se considere a exigência de uma leitura dialética, para que ela nos responda à pergunta que permeia nossa mente, sobre como Platão alcança uma harmonia de ideias entre a questão socrática acerca da *areté* e do Bem, e seu próprio programa científico. Para a interpretação da parábola da caverna, isso significa que nós, diante dessa grandiosa e multifacetada metáfora, prescindimos de submetê-la a uma exegese epistemológica precisa, voltando nossa atenção para um ponto apenas, a função assumida pela parábola dentro do desenrolar do diálogo. Agora, ela é totalmente inequívoca: cabe-lhe disseminar a aparência, segundo a qual a dedicação à "filosofia" e à vida "teórica" seria, em geral, incompatível com a prática política na sociedade e no Estado. O tema é o ofuscamento sofrido por quem está habituado à escuridão e passa a ser exposto à claridade e, inversamente, por quem sai da claridade e caminha rumo à escuridão. Cabe-lhe explicar por que os indivíduos envolvidos na vida prática não dão a mínima importância à vida teorética: 515d e 516e. A alegoria procura esclarecer essa suposta inaptidão "teórica" do ser humano para a prática. Não se faz mister apenas adaptar-se à claridade, mas também à escuridão: também aquele que retornasse do dia real à penumbra da caverna submeter-se-ia, em primeiro lugar, a um ofuscamento devido ao contraste com a claridade. Não significaria nenhuma cegueira ou incapacidade real encontrar orientação ali. O ofuscamento rapidamente dissipar-se-ia (*Rep.* 517a).

Achar que a "filosofia" torna inapto para a vida foi, por certo, uma conhecida crítica dirigida contra Platão. O *Górgias* é inteiramente dominado pela defesa dessa mesma coisa (cf. p. ex. *Górg.* 485a), e o mesmo motivo faz-se presente em outras passagens. A ideia geral era que a "filosofia" somente seria adequada para a idade juvenil, não devendo, todavia, ser continuada durante muito tempo. Far-se-ia mister buscar, a tempo, incursão na vida política e desistir da filosofia. Na *Politeía*, Adeimantos torna-se porta-voz dessa opinião geral (*Rep.* 476d). Em contrapartida, o programa fomentado por Platão ao longo de decênios, para formação de "guardiões", desenvolve a prioridade absoluta da vida teórica. Somente de má vontade e por tempo determinado, alguém estaria disposto a interromper essa vida em troca de um cargo político.

É necessário perceber a provocação consciente quando Sócrates, após dez anos já deverem ter sido consagrados ao estudo das ciências, propõe, de forma manifesta, que se dedique ao exercício da dialética o dobro do tempo consagrado à ginástica. Os futuros guardiões deveriam, aos trinta anos de idade, passar por uma formação de cinco anos na área de dialética. Ao longo de quinze anos, deveriam então assumir cargos políticos subalternos. Somente ao atingir a idade de cinquenta anos teriam atingido a maturidade para a tarefa de liderança política que cada um deles, em tempo relativamente curto, deveria assumir em regime de rodízio. Na maior parte do tempo, deveriam poder continuar a consagrar-se a seus estudos.

Essa é a perspectiva na qual se faz necessário entender a ascensão da caverna para o dia real e para a visão do sol real. Aí reside sua função dialética no contexto do diálogo. Por outro lado, o interesse na valência teórico-científica da parábola permanece, de antemão, em um plano secundário. Até mesmo a primeira introdução sobre a distinção entre *dóxa* e *epistéme* (*Rep.* 476b ss.), tão fundamental para Platão, não surge primeiramente em um contexto epistemológico, mas prepara, no âmbito da *Politeía*, o paradoxo dos reis-filósofos.

Também o modo como é introduzida a parábola da caverna deixa, em princípio, o lado epistemológico das coisas em um plano inferior. Em um primeiro momento, somente se entende o conhecimento que faz os liberados da caverna sobressaírem como os guias predestinados como sendo o conhecimento sobre o Bem no âmbito da vida político-prática, que se deveria preferir a quaisquer outros conhecimentos: 517d$_8$ τοῦ δικαίου 520c$_5$ καλῶν τε καὶ δικαίων καὶ ἀγαθῶν πέρι. Mesmo quando, posteriormente, evidencia-se que a senda descrita na parábola, que levava à adaptação à luz – partindo-se das sombras, passando pelos reflexos, pelas imagens, pelas estrelas noturnas, até chegar ao sol –, é um caminho para as ciências e através das ciências. Não se fala, nem nessas alturas nem em uma fase ulterior, da aplicação de tal teoria à prática humana. Na parábola, trata-se unicamente da superioridade de quem conhece o Bem, trata-se apenas de quem permanece preso em convenções de cunho moral-político. Tal fato ganha especial realce quando, na primeira introdução do paradoxo do domínio dos filósofos, são colocados no mesmo patamar que o filósofo, tanto o erotista, que tem amor por tudo o que é belo, quanto o admirador de espetáculos, em função da universalidade de sua paixão. Quando se trata do filósofo, Gláucon pensa tão pouco em ciências que chega a colocar os admiradores de espetáculos no lugar ocupado pelos ávidos por conhecimentos (475d). Obviamente, isso gera um imenso equívoco. Quem se deixa atrair por espetáculos, quem se deixa motivar de um lado para o outro, movido apenas pela curiosidade e sem discernimento, ávido por tudo o que há para ser visto, não possui nenhuma semelhança com o filósofo. A paixão pelo novo baseada na falta de discernimento oferece um oposto extremo à "filosofia", a qual, por sua vez, lida com o Justo e o Injusto, com o Bem e o Mal, ou, como se costuma afirmar: com a distinção entre o Belo e o Feio.

Ora, dir-se-á, a seguir, que tal sentido voltado para "o" Justo, "o" Bem etc. significa uma distinção fundamental entre o conhecer e o imaginar, ou seja, a distinção entre "um propriamente Belo" e tudo o que apenas é partícipe (τὰ μετέχοντα). Nesse sentido, trata-se aqui, todavia, de filosofia, isto é, excedem-se os limites da questão sobre o "Justo e o Bem". Não obstante, a alegoria da caverna, como vimos, é aplicada unicamente à vida da *pólis*. Significa dizer, de modo explícito: os retornados terão de lidar com as sombras e as imagens do δίκαιον, ou seja, com aquilo que Platão expressa como τὰ τῶν ἀνθρώπων (517c$_8$) ou como τὰ ἀνθρώπεια (517d$_5$).

Não se deve, portanto, interpretar a descrição da caverna e o entendimento superior sobre os indivíduos conduzidos até o sol real como se os libertados dos grilhões, em função de seu conhecimento abrangente de todas as coisas, agora estivessem, por contarem com a experiência da previsão, mais bem munidos para a concorrência futura. Esse não é o ponto que aqui vemos como mais importante. É o morador da caverna que muito bem sabe como costumam ocorrer as coisas na vida social e política, e que práticas costumam, ali, conduzir a êxitos. O que ele não sabe e nem mesmo chega a indagar é sobre o Bem, aonde tudo supostamente deveria dar.

A oposição aqui apresentada entre conhecimento teórico e prática política – para, no final, ser superada –, não consiste na oposição entre teoria e prática no sentido moderno. Aquilo que, em nosso atual emprego da linguagem, costumamos entender como oposição entre teoria e prática faz parte, por inteiro, da área que Aristóteles chamava de *tékhne*. Isso nada tem a ver com o que Platão põe para discussão em sua concepção de Estado, ou seja, nada tem a ver com o ideal da teoria e sua relação com a realidade política. Mas é óbvio que tanto Platão quanto Aristóteles conhecem muito bem o problema da teoria e da prática na área da *tékhne,* isto é, conhecem-no sempre que se tratar da aplicação de regras gerais, mas também o conhecem na área da experiência geral, que concerne à relação entre fins e meios no bojo das ações político-práticas. Vemo-nos, aqui, diante de um conhecimento geral de regras, o qual, enquanto tal, não dispõe de sua aplicação justa. Desse modo, Aristóteles, com razão, faz a conhecida observação de que o prático (p. ex. o curandeiro) poderia ser mais bem sucedido que o especialista (p. ex. o médico com formação científico-acadêmica)[29b]. Platão não tem menos consciência desse fato. De forma expressiva, realmente leva em consideração a importância da experiência prática em seu programa educacional (*Rep.* 484d; 539e) e, além disso, enxerga o problema "hermenêutico" contido em todo uso de regra, ou seja, na correta aplicação de regras. Compara-se a explicação detalhada a esse respeito no *Fedro* 268 ss.: ali, com a visão voltada para o conhecimento das regras da retórica, evocam-se a medicina, a arte dramática e a música, nas quais também há conhecimentos "gerais". Nesse sentido, não se pode contestar que a aptidão natural permanece indispensável (*Fed.* 269d_3). Todavia, também se faz necessária a formação artística. No caso da oratória, porém, isso significa, da maneira ironicamente dissimulada mostrada por *Fedro,* que, para uma verdadeira arte oratória, carece-se do conhecimento dialético das coisas, mas também do conhecimento dialético da "alma". Somente nessas condições alguém seria um verdadeiro orador. Ora, aqui Platão acrescenta de maneira patente que o orador precisa ser capaz de aplicar tudo isso na prática (δεῖ δὴ ταῦτα ἱκανῶς νοήσαντα, μετὰ ταῦτα

[29b]. *Met.* A 1, 981a_{12} ss.

θεώμενον αὐτὰ ἐν ταῖς πράξεσιν ὄντά τε καὶ πραττόμενα ... *Fed.* 271d$_7$). Certamente isso faz parte de toda e qualquer *tékhne*. Como me parece, a isso também corresponde a verdadeira arte de medir o conveniente, abordada no diálogo *Político*. Mas ainda se voltará a falar sobre isso.

Em todo caso, esse problema hermenêutico da concretização nada tem a ver com a relação entre política e filosofia ou com a tensão entre o ideal de vida político e o ideal de vida teórico. Para aplicar uma *tékhne*, certamente sempre se faz mister exercício e experiência. Contudo, estarmos diante de um profissional, de um especialista que conhece as bases das medidas que põe em prática, ou vermo-nos simplesmente perante um homem que executa suas ações por meio da experiência, acabará representando o mesmo processo de ação. Mas, quando Platão, em sua parábola, manifesta-se sobre a relação existente entre o indivíduo que pratica a política e o indivíduo que retorna à caverna, trata-se de uma diferença de natureza bem diferente. Essa questão nada esclarece sobre se o praticante da política é, simultaneamente, um especialista experiente nesse ou naquele campo, por exemplo um estrategista ou um marinheiro. O "Bem" que o retornado enxergou no mundo exterior não é nada daquilo que os agrilhoados na caverna queiram conhecer um pouco.

Isso pode ser dito com simples termos. O próprio Platão faz alusão a como a arte do timoneiro, enquanto tal, não significa que sua obra bem executada conduza ao Bem. É possível que hajam surgido dúvidas ao timoneiro de Agamêmnon, sobre se teria feito algum Bem a seu senhor com o término seguro da viagem (*Rep.* 601 s.). Mas é principalmente a subordinação do produzir ao utilizar que impõe à *tékhne* uma restrição que, ainda em

Aristóteles (*Ét. niq.* Z 4), a exclui da pretensão de ser uma ἀρετή.

Quando da instalação da cidade ideal, no Livro IV (*Rep.* 428b ss.), já estava claro que o verdadeiro saber, que também se poderia denominar *sophía*, era diferente de todo conhecimento técnico especial. Ali, esse saber é descrito de forma tal que uma cidade como um todo, por esse motivo, é "sábia, ponderada" (εὔβουλος), da mesma forma que a "alma" (ὑπὲρ ἁπάσης τῆς ψυχῆς προμήθεια, *Rep.* 441e₅). Aqui, portanto, o Bem ainda é definido simplesmente como todo conhecimento de tudo o que é vantajoso (συμφέρον) para todos e para o todo. Chega realmente a saltar aos olhos como aqui, no Livro IV, evita-se a palavra *agathón*[30].

A isso, vem-se harmonizar muito bem o fato de Platão, no Livro VI, deixar de lado a questão do conhecimento sobre o Bem em troca da vida em *dóxa*, isto é, em meras convenções, e, com tal intuito, fazer até mesmo uma analogia entre o conhecimento do Bem e o conhecimento acerca da própria vantagem (*Rep.* 505d). Ali está escrito: "E não é evidente que, quanto ao justo e ao belo, muitas pessoas escolherão as aparências"* (o que estiver em vigor, τὰ δονοῦντα). Quanto ao Bem, por seu turno, e isso diz respeito ao simples proveito que se espera ter de

---

30. Reservar a verdadeira indagação sobre o Bem para o Livro VI parece fazer parte da composição do todo. Não obstante, se existiu ou não uma "República de Quatro Livros" – a introdução espontaneamente contingente do amplo diálogo, realizada na questão da comunidade das mulheres e dos filhos –, isso certamente deveria ser tão refletido quanto evitar a palavra *agathón* no Livro IV.

* Citação a partir da tradução de *A República* realizada por Maria Helena da Rocha Pereira, Lisboa: Fundação Calouste Gulbenkian, 8.ª edição. (N. do T.)

algo, cada indivíduo não depende do consenso do outro, mas apenas da real vantagem (τὰ ὄντα). É útil ver a maneira como aqui, para ilustrar o "conhecimento" que importa quanto ao Bem, a racionalidade da relação entre meios e fins basta para justificar, com inegável evidência, uma verdadeira superioridade sobre todas as convenções. Ninguém aqui se dá por satisfeito com conceitos convencionais, quando se trata da utilidade dos meios a serem escolhidos.

Ora, também se poderia tentar considerar as chamadas *tékhnai*, o conhecimento artesanal e as chamadas ciências, no mesmo sentido como um conhecimento dos meios justos e, com isso, como conhecimento de algo relativamente bom. Certamente aí se baseia a função paradigmática que, desde o início, o conhecimento *tékhne* possuía para a arte socrática da persuasão. Mas esse conhecimento não é aquele que, em última instância, importa para o ser humano como ser humano – permanece carecendo de um último esclarecimento, ou seja, tal conhecimento nada sabe do "próprio Bem".

Platão denomina o conhecimento do Bem, que se destaca pelo esclarecimento de todas as chamadas *tékhnai* e *epistemai*, de diferentes maneiras, por exemplo: δύναμις τοῦ διαλέγεθαι (*Rep.* 532d$_9$), μέθοδος, ἐπιστήμη (*Rep.* 533c). Desse modo, Platão faz uma ligação entre o conhecimento do Bem e esses tipos de conhecimentos, adiantando-se ao mal-entendido segundo o qual se trataria de um conhecimento maior ensinável, o qual, como conhecimento do Bem, deveria ser obtido ao final daquela longa via de ensino através de todas as ciências matemáticas. Aqui, parece desfazer-se por completo o laço entre conhecimento e ação, que estava tão bem amarrado na indagação socrática, de modo que a própria *areté* surgia como conhecimento. Mas o que significa "o Bem" nessas ciências matemáticas? Não se pode negar que, nas mais diferentes disciplinas, sempre se volta a mencionar sua utilidade para o ofício militar. Porém, com isso, Sócrates faz uma referência plenamente visível às expectativas triviais que seu interlocutor refere ao conhecimento a serviço da *pólis*. Quando Sócrates afirma ($521d_{11}$) que conviria atentar para que tal educação não fosse inútil a guerreiros, ou quando ele, iniciando sua próxima réplica sobre o programa educacional, começa pela ciência dos números e dos cálculos, ressaltando, de sua parte, o caráter imprescindível dessa ciência, fá-lo em obséquio de Gláucon. O fato de tal referência a guerra e a guerreiros, no tocante à formação dos "guardiões" da cidade ideal, ter algum tipo de sentido torna-se compreensível, é verdade, ao se aludir à argumentação platônica fundamental no Livro II, em que se trata da estreita relação entre posse de poder e autocontrole e, com isso, abre-se a dimensão do aspecto político. Isso eu explanei em *Plato und die Dichter*. Aqui, esse já não é o foco de visão. Parece-me que sempre há um sentido convencional e, com isso, uma nuance quase irônica quando se lê, por exemplo, no resumo inicial do Livro VIII, sobre os guardiões educados para a "dialética": "aqueles que mais se distinguiram na filosofia e na guerra" (*Rep.* $543a_5$ e $525b_8$). O que realmente importa é outra coisa. Desde o início, Sócrates anuncia seu programa como um tipo de educação totalmente novo ($518b_7$), em que não se trata tanto da aprendizagem de algo, mas de uma inversão da "alma" como um todo ($521c_6$). Quando Gláucon, à guisa de exemplo, tratando do tema astronomia, destaca a utilidade para a arte militar, Sócrates aproveita a oportunidade para criticar sua preocupação perante a multidão, a quem as ciências pudessem parecer inúteis (527d$_4$). Na verdade, na sequência do texto, o exercício das ciências matemáticas sempre se baseia, de forma expressiva, em ser a função preparatória unicamente essencial que tal exercício teria para o entendimento da ideia do Bem (explicitamente: 526e$_1$). Principalmente na música e na astronomia, isso encerra, para o interlocutor, uma guinada inesperada, ou seja, dar as costas ao audível e visível, para voltar-se ao puramente matemático-logarítmico. Custa admitir que isso ainda possa ter algo a ver com a questão socrática e sua base, isto é, o conhecimento do não conhecimento.

Pois bem, em um resumo conclusivo, afirma-se – e, desse modo, também se prepara o último passo a ser dado rumo à dialética – que, em uma retomada da parábola da caverna, o caminho preparatório, através das ciências matemáticas, estaria munido para elevar a parte mais nobre da alma (τὸ βέλτιστον ἐν ψυχῇ) à contemplação da visão do mais excelente dos seres (πρὸς τὴν τοῦ ἀρίστου ἐν τοῖς οὖσι θέαν) (532c); e, sobre a dialética, logo se afirma que ela arrasta a alma do lodo (533d). Mas o modo como isso é posto mostra-se tão obscuro para as opiniões reinantes, que o próprio Gláucon caracteriza-o como difícil. Ele quer ser instruído sobre a capacidade dialética, da mesma forma que sobre uma nova ciência que terá seus objetos e seus métodos. Isso não é nenhum testemunho típico de entendimento, e uma expectativa dessa natureza realmente nunca é cumprida pelo pensamento platônico. Na área da dialética, não existe nenhuma diferenciação que corresponda à diferenciação das ciências matemáticas.

Por conseguinte, resulta daí uma imagem peculiarmente ambígua, quando o caminho da educação é elevado, através das ciências, ao entendimento dialético do Bem. A conclusão sintetizadora parece o coroamento de uma ascensão teórica à dialética – mas também, não se pode negar, parece que agora a própria questão em torno do Bem, representado na parábola pelo Sol, finalmente deverá ser respondida sem metáfora (οὐδ' εἰκόνα, 533a$_2$). O que realmente vem à tona é que essa questão se dissipa formalmente na universalidade de tudo o que é real: caracteriza-se o dialético de forma tal que, na essência de cada objeto, conduz àquilo que é real (αὐτοῦ γε ἑκάστου πέρι, ὃ ἔστιν ἕκαστον, 533d$_2$) e apreende o *lógos* do Ser de cada coisa (τὸν λόγον ἑκάστου λαμβάνοντα τῆς οὐσίας). Tal fato, na elevação das ciências matemáticas, a que se deveria simplesmente chamar *diánoia*, dá-se de forma muito apropriada.

Mas, em seguida, também o "Bem" – supostamente "da mesma maneira" (ὡσαύτως) – é designado como objeto. Dever-se-ia separar a ἰδέα τοῦ ἀγαθοῦ (como a οὐσία ἑκάστον!) de todas as outras, e dever-se-ia, como se em uma batalha estivesse exaurindo-se por todas as refutações, "esforçar-se por dar provas" e "avançar com um raciocínio infalível" (ἀπτῶτι τῷ λόγῳ) – sem isso, nenhum indivíduo realmente terá condições de conhecer o Bem em si ou qualquer outro Bem. Aqui, convém deter-se. Esse "da mesma maneira" gera dificuldades. Por certo, pode-se compreender que, também no caso do Bem, o processo do dialético, que consiste em prestar esclarecimentos, é aquilo que importa, para que a pessoa não se deixe confundir por falsas semelhanças, não se deixe conduzir por meras convenções nem se deixe seduzir por bajulações e lisonjas (em *Rep.* II, na imagem: "um cão filosófico"). Mas permanece surpreendente que a ideia do Bem apenas surja meramente em segundo plano. Conforme esse princípio, o Bem seria somente mais uma ideia entre outras. No máximo, poder-se-ia afirmar que a separação dialética entre essa ideia e todas as outras se mostra aqui algo especialmente complexo, pois interesses e preferências acabam passando, nesse caso, por um forte processo de mistura; e talvez também se devesse perceber que o reconhecimento do Bem, que aqui se encontra em jogo, é mais decisivo para a vida inteira do que todas as outras coisas. Isso vem à tona, de forma indireta, através do confronto entre a "vida atual" e o Hades: 534c_6. Mas com isso não se anula a mesma ordem reservada ao Bem em relação às outras ideias. De certa maneira, é insignificante afirmar que, somente reconhecendo a ideia do Bem, será possível conhecer todo o outro Bem que houver. Eis uma formulação que tem exatamente a mesma validade para todas as outras ideias. No início, a questão sobre o Bem também foi introduzida com essa fórmula esquemática, segundo a qual o Bem seria aquilo por meio do que todas as outras virtudes se tornariam úteis e valiosas (καὶ δίκαια καὶ τἆλλα, 505a_3). Como combinar tudo isso entre si: a multiplicidade do verdadeiro Ser e a unidade do verdadeiro Bem? À custa de quê: à custa do Ser distribuído na multiplicidade das ideias, de forma que ele, suprimindo todos os ordenamentos τὰς ὑποθέσεις ἀναιροῦσα (533c_8), eleva-se ao Bem, que já não seria o Bem de cada coisa (ἑκάστου)? Ou à custa do Bem "separado" (ἀφελών), que, na verdade, somente estaria em tudo o que fosse bom, de modo que ele, como todas as ideias, somente estaria naquilo que dele é partícipe, que possui seu verdadeiro Ser? O texto, a essa altura, não nos fornece nenhum indício para que se chegue a uma interpretação tão radical. Uma vez que se trata, claramente, de um "da mesma maneira", não é possível preparar a coisa como se se tratasse de um novo passo, o último passo, o qual conduzirá da multiplicidade das ideias ao "princípio" do Uno e do Bem. Por outro lado, é certo que também se quererá afirmar que a ideia do Bem é apreendida "da mesma maneira" que todas as outras ideias. A ideia do Bem é apenas uma das ideias? E o que será do "Uno, Bem"?

Posto isso, indagamo-nos: seria, no final, somente a maneira mítica de falar que se imbrica nessa aparente alternativa? Partindo da metáfora, é possível desenvolver uma melhor apresentação do problema? Examinemos, desde o início, a metáfora e sua exegese. Na introdução da analogia entre o Sol e a ideia do Bem, as coisas, na verdade, pareciam bem diferentes. Ali, o Bem não era οὐσία; muito mais, estava claramente para além e acima da οὐσία, por sua dignidade e poder. Ali não havia nada de "da mesma maneira", mas um novo e surpreendente passo. Isso permaneceria mesmo que se tratasse apenas de um novo discernimento do que "real" pudesse querer dizer, devesse significar (e, com isso, do que consiste o Ser de cada um).

Assim, pode-se, afinal de contas, proceder a uma primeira interpretação do cotejo entre o Bem e o Sol, 508e_1: a ideia do Bem deverá ser (508e) aquilo que transmite *alétheia* aos objetos cognoscíveis e dá ao sujeito que conhece esse poder – da mesma maneira que se é grato ao Sol, que nos fornece a luz, pela visibilidade das coisas visíveis e pela capacidade de os olhos verem. A ideia do Bem é, pois, em primeiro lugar, entendida como a causa do "conhecimento" e da "verdade" (ἐπιστήμης – ou γνώσεως – καὶ ἀληθείας). Com certeza, o ponto importante aqui é a analogia com a visão e com o mundo visível e sua dependência da luz. Da mesma forma que a visão e a luz são "de tipo solar", também o conhecimento e a "verdade" deverão significar "bom tipo", ainda que não valham como "o Bem" em si (τοῦ ἀγαθοῦ ἕξις: o que o próprio Bem tem em si, ou seja, o que é). Na verdade, até aqui, a parábola é inteiramente expressiva. Pode-se muito bem deixar de lado a questão sobre a causa da luz, ou seja, a questão em torno do Sol. Assim como a luz vincula o mundo visível à visão, o verdadeiro Ser surge (os νοούμενα, os ὄντως ὄντα, as εἴδη) no pensamento. A potência para algo (δύναμις), na verdade, sempre é determinada por aquilo para o que ela é potência, bem como pelo que ela desempenha (ἐφ' ᾧτε ἔστι καὶ ὃ ἀπερ-γάζεται, 477d₁). Portanto, isso que reflete como ἀλήθεια τε καὶ τὸ ὄν (οὗ καταλάμπει, 508d₅) deixa o pensamento ser pensamento (deixa-o νοῦν ἔχειν, 508d₆, naquela bela ambiguidade de obter discernimento e ter sensatez). Parece claro que, com isso, se abre toda a área da νοητά. Consegue-se todo esse efeito com a metáfora da luz, e é significativo ver que o jovem Sócrates recorre à mesma metáfora, ao dever explicar, na cena do *Parmênides*, a participação dos muitos indivíduos na ideia. Ali, por certo, não se mostra capaz de apreender a metáfora em seu sentido e elevá-la ao conceito. Ainda era jovem. Na verdade, Aristóteles foi o primeiro a consegui-lo, ao utilizar a distinção entre ποιεῖν e πάσχειν (ποιητικόν e παθητικόν) para a estruturação conceitual do *noûs*: também ali o *noûs* "faz pensar", ὡς ἕξις τις, como a luz (*De an.* 430a14 s.). Portanto, o "princípio" do Bem somente teria a função de um "princípio" em sentido epistemológico.

Mas, se agora seguirmos o texto platônico, poderemos dizer que Sócrates dá um passo decisivo para além dessa interpretação da parábola; por conseguinte, a posição especial ocupada pela ideia do Bem volta a ser um problema. Pois agora vem à superfície a "transcendência" do Bem em toda sua valência ontológica, e não sem encenação dramática: da mesma forma que o Sol não transmite às coisas apenas visibilidade, mas também lhes proporciona devir, crescimento, desenvolvimento, sem ele próprio ser "devir" (γένεσις), também a ideia do Bem, sem ela própria possuir "Ser", deverá transmitir Ser àquilo que é cognoscível no pensamento (τὸ εἶναι καὶ τὴν οὐσίαν, 509b7). A comparação obriga-nos a entender essa transposição através do "Ser" de maneira tal que o "Bem" é "causa" do Ser das muitas ideias. Mas em que sentido? A palavra "causa" (αἰτία), que conhecemos como o quarto *génos* do *Filebos*, aqui não cabe nem para o Sol nem para a ideia do Bem. Mais que isso, o texto movimenta-se no campo semântico de (δύναμιν) παρέχειν, παρεῖναι, προσεῖναι. A interpretação que o próprio Sócrates apresenta em 511b deixa inequivocamente claro que "o Bem" aqui é interpretado como τοῦ παντὸς ἀρχή, "início de tudo" (princípio); e que, por conseguinte – também inequivocamente –, é aquilo de onde partem a descensão ao princípio, bem como a multiplicidade das ideias que compõem a área do noético. Em relação às ciências matemático-dianoéticas, afirma-se (511d) categoricamente que essas, por serem μετὰ ἀρχῆς, ou seja, por obterem desde o início sua inteligibilidade, são chamadas noéticas. Aqui não haveria nenhuma dificuldade em afirmar que essa dimensão matemática dos *entia rationis*, a partir da *arkhé*, também tem seu Ser. Esses contextos foram explanados com excelência por meio das análises realizadas por Konrad Gaiser, enquanto se trata da área dianoética da dimensão matemática[30a]. Bom, ago-

---

30a. Konrad Gaiser, *Platos ungeschriebene Lehre* [A doutrina não escrita de Platão] ¹1963.

ra somente se alcança a área da dialética caso se supere o limite do dianoético, e só então ter-se-á a medida completa do que é real (αὐτοῦ γε ἑκάστου πέρι ὃ ἕκαστον, 533b$_2$). Podemos dizer, então, que sempre que apusermos o carimbo do "é", sempre que usarmos, pois, palavra e discursos, e pronunciarmos frases, estaremos sonhando com o Ser (ὀνειρώττονσι μὲν περὶ τὸ ὄν, 533b$_8$). Mas só estaremos sonhando. Apenas o dialético desperta da perplexidade para o sonho do mundo da vida, e o que ele faz é exatamente esse despertar: eliminar e questionar, por meio do pensamento, as hipóteses em que se encontra registrada nossa interpretação linguística do mundo.

No *Fédon*, Platão falou sobre a hipótese do *eîdos*, que não deveria ser envolvida, de maneira precipitada e sem um exame mais profundo, na contenda dialética. Mas também é incontestável, no *Fédon*, que a dialética, no final das contas, exige um último esclarecimento. Aqui ocorre o mesmo. O dialético elimina cada uma das hipóteses apresentadas, insistindo em uma última primazia (= primeiro) do esclarecimento. Tanto no *Fédon* quanto na *Politeía*, é-se, pois, conduzido até a *arkhé*, que é o Uno; e, com Aristóteles, pode-se reconhecer nesse Uno a dualidade de Um e Dois. Existem motivos, todavia, para supor que esse Primeiro e Princípio não justificam um sistema dedutivo de ideias deriváveis. Abstraindo do caso típico das disciplinas matemáticas subsequentes umas em relação às outras, trata-se sempre, muito mais, de áreas delimitadas e pertencentes ao *ápeiron*, nas quais o dialético obtém discernimento. No *Filebo*, Sócrates dá o exemplo dos sons, bem como o das letras e dos fonemas. Certamente, esses são exemplos para a transformação do Uno em Múltiplo. Pois as letras, assim como os fonemas de uma língua, têm caráter sistêmico: οὐδ ἂν ἓν αὐτὸ καθ' αὐτὸ ἄνευ πάντων αὐτῶν μάθοι (18c$_7$). Mas eles representam sua própria essência voltada a uma área delimitada e constituem-se, assim, exemplos para qualquer *tékhne* (*Fil.* 16c$_2$). Aqui, a estrutura sistêmica (δεσμός) significa o domínio da escrita ou da música. Por certo, do ponto de vista estrutural, isso é dialética; ascensão ao Primeiro e descensão ao Primeiro caminham juntas: ὡς ὄντα ἕνα καὶ πάντα ταῦτα ἕν πως ποιοῦντα (18d$_1$). Obviamente, isso quer dizer, respectivamente, uma unidade relativa a que pertence cada som e cada fonema enquanto tal. Compara-se a realização paralela, do διαιρεῖν, quando, no 17c$_1$, parte-se de "uma voz" (φωνή μία); já no 18b$_6$, parte-se da φωνὴ ἄπειρος. Esse último caminho parece, a *Filebo*, ser o mais fácil, certamente por ele seguir o caminho da experimentação (18d$_3$). De um ponto de vista estrutural, isso corresponde muito bem à descrição da dialética no final do Livro VI da *República* (511bc).

É claro que, ali, somente se fala da *arkhé* como uma única, e não do relativamente Primeiro, como aqui se fala de voz ou som. Significaria dizer que os exemplos do *Filebo* teriam de ser incluídos naquilo que a *República*, enquanto se puder pressupor algo como sons ou letras, designa como *diánoia*. Nesse sentido, a dialética sofre, aqui, uma aguda separação das "chamadas *tékhnai*" (511c$_6$), que não justificam suas hipóteses. O *Filebo* é o primeiro a descrever *tékhne* como música e gramática de modo tal que elas próprias podem ser consideradas "dialéticas". Não significaria isso que Platão estivesse seguramente cônscio do caráter interminável de um ideal da derivação dialética de tudo a partir de uma única *arkhé*? Um surpreendente enunciado de Aristóteles também parece sustentar essa ideia. No início da ética aristotélica (*Ét. niq.* 1095a$_{32}$), Aristóteles afirma que Platão teria razão ao questionar se teríamos de estar no caminho que leva aos ἀρχαί ou que vem dos αρχαί. O plural aqui utilizado já chama a atenção. Claro que isso é revelador do discurso aristotélico. Mas a "aporia" enquanto tal parece-me mostrar muito bem que Platão não tinha em mente um sistema dedutivo realizado de maneira uniforme. Pois, de outra forma, não teria sido uma aporia dessa estirpe. Tal aporia, contudo, corresponde, com certeza, aos exemplos para um processo de duas faces, dados na descrição da estrutura da *tékhne* no *Filebos*. O modo como se exprimem tanto esse caráter interminável presente na doutrina platônica do princípio, que nos é apresentada por Aristóteles, quanto o caráter interminável na função da dualidade indeterminada tentei explicitar em meu artigo acadêmico sobre a dialética não escrita de Platão[30b].

Em todo caso, aqui estamos muito distantes da questão socrática acerca do Bem. Ela se coloca como a indagação em torno da *areté* e, com todas as suas especializações, como a indagação em torno das *aretai*, não em tal aspecto universal, mas em uma área mais restrita, aquela referente ao Bem na vida humana. Agora, o foco voltado para o Bem na vida humana é, decerto, o ponto de partida mais natural para a questão do "Bem". Assim ocorre no programa do *Fédon*, assim se dá na *Politeía*, ao ser introduzida a questão sobre o Bem; e assim, também, no *Filebo* a questão voltará a surgir. Não obstante, nesses casos, a explanação excede essa área restrita, conduzindo a um questionamento ontológico universal.

Quando nos lembramos em que contexto universal a questão é introduzida no *Fédon* platônico como ques-

---

30b. Agora contido em *Kleine Schriften III, Idee und Sprache* [Pequenos escritos, ideia e língua], 1972, pp. 27-49.

tão que tem em vista a causa da origem e sobretudo do desaparecimento, não nos surpreendemos: ὅλως γὰρ δεῖ περὶ γενέσεως καὶ φθορᾶς τὴν αἰτίαν διαπραγματεύσασθαι (95e₉). Sócrates apresenta seu próprio exemplo para aquilo que significa conhecer o Bem, unicamente como introdução ilustrativa para a questão universal do conhecimento. Ali, formula-se o postulado de uma cosmologia teleológica, o qual por certo permanece irrealizado. De modo semelhante, encontramos na Sétima Carta a expansão do conhecimento em torno da *areté*, que passa para o conhecimento em torno de todo o Ser (*Ep.* VII, 344b). E, por fim, o *Timeu* é a realização mítica do postulado apresentado no *Fédon* – e ali, na verdade, já nem se menciona a questão socrática. Vê-se que se trata de uma linha platônica que Aristóteles traçou através de sua física teleológica e de sua metafísica. Todavia, ainda permanece obscuro até que ponto a ampliação do *agathón* para a ἀρχὴ τῶν πάντων deve-se deixar pensar a partir da estrutura da dialética.

Uma aclaração efetiva somente me parece possível se entramos nos pormenores do verdadeiro procedimento da dialética, que, na *Politeía*, apenas se encontra formulado como programa geral. Nesse processo da dialética, o inquietante "da mesma maneira", presente na equiparação do Bem às outras ideias, terá de encontrar uma justificativa. Lembremo-nos: o princípio fundamental da utopia estatal platônica (já em seu primeiro projeto) consistia em educar os "guardiões", em cujas mãos estava o poder, de forma tal que eles fossem imunes à sedução pelo poder. A educação para a ciência deveria, no final, ser educação por meio da ciência. Em nosso trecho, com o desconcertante "da mesma maneira", chama-nos a atenção a forma como a apreensão do Bem é descrita como a brecha vitoriosa conseguida em uma batalha. Mas que batalha? Contra que inimigo?[31]

É óbvio que não se trata unicamente de abuso do poder. Em outros termos: mesmo esse abuso do poder, a cujo impedimento está voltada a constituição de um Estado, baseia-se em outra falta, e Platão afirma ser a falta de dialética, isto é, a falta de arte da distinção. Pode soar absurdo, como se as paixões que arrebatam um indivíduo fossem maneiras de pensar, e não propriamente a subjugação de todo e qualquer pensamento por meio da força das paixões. O *Protágoras* leva essa absurdidade ao extremo: submeter-se às emoções seria mera ignorância (*Prot.* 352 ss.). Seja como for, a intelectualização da "coragem" no Livro IV acabou revelando algo importante. De maneira convincente, ele mostrou que, quando da qualificação dos guerreiros-guardiões, o importante é apreender a *dóxa* correta através do perigo e não se deixar dissuadir por nada, nem mesmo pelo poder da sedução, que reside na ἡδονή. Pode ser que isso esteja expresso de maneira muito "intelectualista", e Aristóteles, que sempre toma Platão demasiadamente ao pé da letra, acaba diminuindo em demasia a posição socrática, ao vir socorrê-la com o argumento de que, para alguns indivíduos, um outro realmente pareceria corajoso apenas por ele próprio superestimar o perigo (1116b$_3$ ss.). O que Sócrates enxerga é plenamente justificado, na medida em

---

31. A imagem utilizada por Platão, que naturalmente ficou evidenciada principalmente pela equação "guerreiros-guardiões" de sua utopia, faz parte de todo um campo semântico. Em grande parte, as expressões usadas para operações lógicas são retiradas da linguagem da luta greco-romana e de tipos de lutas semelhantes. Da mesma forma, o ἀπτῶτι em nosso trecho e, com frequência, διαμάχεσθαι em *Górgias* 503a$_8$, entre outros.

que se trata de verdadeira coragem "política", e não apenas de coragem "física" (430b₇). Não se trata aqui do medo físico enquanto tal, que pode acometer um indivíduo, mas da reflexão à qual o medo seduz; e, no caso da ἡδονή, ainda mais claro: trata-se do poder de persuasão sedutora, que parte da ἡδονή. Embora eu não consiga mostrar provas para esse local específico, parece-me claro que Platão aqui pensa principalmente na lisonja bajuladora que legitima os poderosos no abuso de seu poder. Lembremo-nos, por exemplo, da descrição da oratória sofística como arte da lisonja no *Górgias*. Na *Politeía*, encontra-se algo análogo, quando se compara a sabedoria sofística à arte da justa conduta contra um animal grande, forte e perigoso (493b). Além disso, na descrição em que um efebo semelhante a Alcebíades é atraído e corrompido pela dedicação à filosofia, está claro que o tema é a lisonja, nomeadamente a lisonja com antecipação: προκολακεύοντες τὴν μέλλουσαν αὐτοῦ δύναμιν, 494c₂.

Em todo caso, é verdade que o detentor do poder tem de abrir seu caminho através da luta, para não sucumbir à sedução oriunda do poder, e todo indivíduo compreende que isso realmente é uma obra da razão (λόγος), ou mais, uma questão de prudência (φρόνησις). No uso que Platão faz da linguagem, aqui considerado desde a condução do diálogo, passando por todos os episódios, desde a coleta e coesão do objeto buscado e realmente intencionado, passando por todas as oscilações e despropósitos pelos quais passa uma conversa – com outras pessoas ou consigo mesmo –, a isso se chama dialética. Nessa aplicação, não consiste, como já vimos, simplesmente em uma arte que se pode aprender. Não se justifica apenas λόγῳ, mas também, da mesma forma, ἔργῳ, quando é exitosa uma insistência naquilo que se considera correto diante dos olhos. Dessa forma, faz-se mister que os "guardiões" sejam μόνιμοι, sólidos, devendo sê-lo, categoricamente, tanto nas ciências quanto na guerra e em tudo o mais que valha como justo (ἐν νομίμοις, 537d₂). A maneira imperturbável como Sócrates, segundo a descrição platônica, levava sua vida, até a última tentação de oferta de evasão no *Críton* e, sobremaneira, o longo diálogo de despedida com os amigos no *Fédon* são a melhor ilustração dessa sua faceta. Eis um ponto essencial que marca todo o sentido da dialética platônica: Sócrates é aquilo do que ele próprio exige prestação de esclarecimento no *lógos*. Por essa razão – e não por "questões de gosto esteticistas"[32] –, é indispensável que se leiam os diálogos platônicos não como tratados teoréticos, mas como *mímesis* de diálogos reais, desempenhados entre os interlocutores, diálogos em que eles todos entram no jogo e apostam no jogo.

No trecho que ora analisamos, realmente chama a atenção o fato de a descrição do dialético que tem diante dos olhos a ideia do Bem sublinhar, com especial ênfase, a luta contra "provas" (ἔλεγχοι). Tal assunto não fora abordado, sequer de forma geral, nem nos estudos matemáticos que conduzem ao pensamento "puro" nem na exigência geral de esclarecimento para o "Ser". Com que superioridade, por exemplo, na introdução à ciência dos números (525d), são refutados os περὶ ταῦτα δεινοί! Decerto, na questão acerca do Bem (e, é claro, aqui também podem ser incluídas as ἀρεταί, inclusive as "intelec-

---

32. É surpreendente que Gerhard Müller (GGA 1975, pp. 157 s.) possa acreditar que ler a *mímesis* platônica de Sócrates como *mímesis* roubaria a seriedade do pensamento platônico. Que conceito de *mímesis*, poesia e mito mais decadente e esteticamente malcompreendido!

tuais"), a objeção por meio da ponderação sensata e da sofística da paixão desempenha um papel especial, que, segundo Kant, é uma "dialética natural" (Fundamentação de uma Metafísica dos Costumes, no final do Capítulo 1). Deve-se observar, portanto, que a descrição do dialético não contém, aqui, apenas a palavra *élenkhos* (prova), conhecida desde os diálogos socráticos, mas também uma série de outras palavras encontradas nos diálogos posteriores e empregadas no contexto da caracterização da dialética: διορίσασθαι, ἀφελεῖν, διεξιέναι; definir, abstrair, percorrer*. Definir também é delimitar, ou seja, distinguir; esse significado encerra ainda o sentido de separar do intencionado tudo o que dele não faz parte (*abstrahere*) e, através de todas as distinções, percorrer o caminho até o final, isto é, até alcançar o entendimento não apenas com os outros, mas consigo mesmo. Especialmente importantes são os prefixos: o prefixo δία = em alemão: *durch* (através, por meio de) contém a mesma ideia presente no termo alemão *Auseinander*, a ideia de separar, distinguir; já o prefixo ἀπό, que corresponde ao prefixo alemão *weg* (usado no sentido de "embora", "para fora", "para longe"), abrange, ao mesmo tempo, a ideia do termo alemão *Hin* (advérbio ou partícula adverbial alemã que significa "para ali", "para lá"), ou seja, uma síntese do que é retirado, que é tomado fora. Esse é um vocabulário que interpreta antecipadamente a análise da dialética que o *Sofista* realiza com a ajuda dos gêneros superiores Ser, Identidade, Diferença etc. Aqui, tudo isso ainda possui um matiz puramente dialógico,

---

* Observe-se a correspondência entre os termos gregos e alemães no original de H.-G. Gadamer: διορίσασθαι, ἀφελεῖν, διεξιέναι definir (al.: *durchbestimmen, auseinandergrenzen*), abstrair (al.: *abstrahieren*), percorrer (al.: *durchlaufen*). (N. do T.)

até mesmo militar (ὥσπερ ἐν μάχῃ, 534c$_1$). Isso não ocorre por acaso. No próprio *lógos*, está à espreita o perigo.

À ação de distinguir corresponde o confundir; ao separar corretamente, o separar erroneamente, ou seja, entregar-se ao jogo das opiniões pronunciadas sem chegar ao ponto central; quanto ao examinar dialeticamente (διὰ πάντων ἐλέγχων!), corresponde a fascinante arte da resposta forte (κατὰ δόξαν), isto é, a arte da contradição (ἀντιλογικὴ τέχνη). Em poucas palavras: a dialética corresponde à sofística. Isso é um perigo que paira como uma ameaça constante, algo que sempre poderá acontecer aos *lógoi* dentro de nós (τῶν λόγων αὐτῶν ἀθάνατόν τι καὶ ἀγήρων πάθος ἐν ἡμῖν, *Fil.* 15d$_7$). Mesmo no caso da matemática, existem provas aparentes ou argumentações aparentes, semelhantes às que, como se tem conhecimento, Protágoras juntou em grande número contra os matemáticos. Platão, naturalmente, diria que o verdadeiro conhecedor da matemática não seria atingido por essas oratórias, ainda que simplesmente o matemático, como ocorre com Teodoro no *Teeteto*, simplesmente se esquive às disputas oratórias (ψιλοὶ λόγοι, *Teet.* 165a) e ao séquito de Protágoras. Em contrapartida, quando se trata das coisas de porte superior, isto é, na área da dialética, permanece-se sempre à mercê do perigo da sofística. Isso é exposto de forma clara no suplemento à Sétima Carta, mas, mesmo quando o sofista, como ocorre no *Sofista*, fica preso em uma definição, acaba vindo à tona sua proximidade interior para com o verdadeiro dialético e filósofo. Na verdade, o mau uso do *lógos* não se extingue apenas com o mero esclarecimento de falsas confusões. Trata-se de um fato moral. Apoiando-me no caso exemplar do *Lísis*, explanei, com pormenores, de que maneira os diálogos elêncticos das obras iniciais de Platão são totalmente baseados na correspondência entre *lógos* e *érgon*. Na realidade, o contexto dos aspectos lógicos e éticos da verdadeira dialética perpassa toda a obra platônica, e Aristóteles ainda chega a confirmá-lo, ao enxergar a diferença entre "sofística" e "filosofia" unicamente na *proaíresis* τοῦ βίον (*Met.* 104b$_{24}$, *Sof.* E. 169b$_{24}$, 171b$_8$).

Assim, não admira que, em nosso trecho da *República*, a resistência perante toda e qualquer confusão seja enfatizada principalmente na ideia do Bem. Isso já reside em toda a construção utópica da constituição do Estado ideal e da educação aí preconizada para os "guardiões". Dessa forma, mesmo ao se debater o programa educacional para tais "guardiões", nem o conteúdo das ciências matemáticas nem a problemática mais próxima da doutrina das ideias são discutidos como temas da dialética – importa apenas que a alma se volte para o noético.

Não se pode negar que, na *Politeía*, mais precisamente no trecho em que a dialética é elevada através da dianoética matemática, faz-se uma primeira indicação de que, na área realmente noética, possuidora de uma *arkhé* incondicional, trata-se da relação das ideias entre si (sem se esquecer que, com sua construção interna uniforme, as disciplinas matemáticas também ficariam translúcidas). Mas essa indicação feita no final do Livro VI não é continuada na sequência, na Alegoria da Caverna, em sua exegese e execução como caminho para a educação através da matemática e da dialética; e a importância "hiperbólica" do Bem, que ganha sua imagem e semelhança na alegoria do Sol, realmente não é interpretada, como foi mostrado no resumo (534bc) que analisamos inicialmente. No fundo, a "ascensão" à dimensão noética é o tema exclusivo. A isso vem corresponder o fato de o problema da participação, da μέθεξις, mais tarde tão controverso no *Parmênides*, somente surgir aqui na forma; também vem corresponder o fato de os filósofos se destacarem por verem o Belo em si e não o misturarem com as muitas coisas belas que dele participam. *Méthexis* parece significar aqui apenas a distinção entre "o próprio" e as coisas que dele participam; parece, portanto, restringir-se a ser aquilo que *Fédon* designou como a "ingênua" hipótese do *eîdos*.

No *Fédon*, quando a ideia – talvez pela primeira vez na obra platônica – é introduzida *expressis verbis*, isso acontece, sintomaticamente, com a intenção de assim pôr fim às antilógicas artes do confundir. A interpretação dessa hipótese do *eîdos* pela pesquisa moderna em torno da obra platônica, de modo geral – e isso não ocorreu apenas no âmbito da crítica situação da Escola de Marburgo –, deixou o foco demasiadamente voltado para a "ciência". As ideias passam então a ser entendidas como "o tranquilo reino das leis" (Hegel), das quais nos aproximamos examinando de modo crítico as hipóteses formuladas. Mas Platão não visava, em absoluto, ao processo da pesquisa, e sim ao mau uso sofístico da nova arte miraculosa da argumentação que a tudo confunde – do mesmo modo que Sócrates foi confundido em seus estudos, a tal ponto que, no final, nada mais entendia, nem sequer como um ser humano pode crescer ($96c_7$). É necessário que se leia o texto com precisão: a hipótese do *eîdos* não deve ser examinada com base na "experiência" deliberatória de tudo. No tocante à suposição da ideia, isso seria um absurdo. O que constitui o Ser-Cavalo nunca pode ser confirmado nem refutado por meio de um único cavalo. O exame aqui em questão refere-se muito mais à harmonia imanente daquilo que o *eîdos* abrange: enquanto não estiver claro o que se diz ou não se diz com tal hipótese, não se deverá arriscar um próximo passo. Deve-se observar, pois, não que a hipótese seja examinada pelas consequências, mas que as supostas consequências sejam examinadas a partir da hipótese. Tudo o que não tiver a ver com ela deverá ser deixado de lado. Isso significa, sobretudo, que o indivíduo partícipe de um *eîdos* somente "conta" na argumentação naquilo em que é partícipe, isto é, apenas em conformidade com o teor específico do *eîdos*. Toda confusão lógica surge porque não é mantida a distinção entre o *eîdos* e o que dele apenas participa. Dessa forma, pois, é-se facilmente envolvido em tais contradições, como na contradição sobre se o Dois "surge" por meio de adição ou de divisão. O correto exame da hipótese do *eîdos* refuta tudo o que mistura o termo "surgir", por considerá-lo sofístico. (Mais acima, página 98, há um bom exemplo desse desempenho da hipótese – *Rep*. 525d.) É óbvio que a descrição do *Fédon* é intencionada com a máxima generalidade formal, sendo ilustrada com o exemplo noético do numeral. Seja como for, ela corresponde perfeitamente à distinção, feita pelo filósofo na *Politeía*, entre o *eîdos* e tudo o que deste participa. Por certo, convém estar consciente de que esse processo da hipótese apenas é a primeira precondição de toda argumentação, apenas o primeiro passo no oscilante solo dos *lógoi*, sobre o qual assim se obtém seu primeiro sustentáculo. Com isso, ainda não se obtém nenhum tipo de discernimento. Já no *Fédon*, não há sombra de dúvida a esse respeito, e, nessa medida, nunca houve o chamado eleatismo platônico. Da mesma forma, o esquema evolutivo "Da *Areté* para a *Diaíresis*" (Stenzel), que contém muitas observações corretas, também precisa ser delimitado a partir daí. No *Fédon*, só com a referência à imortalidade da alma e sua comparação com a neve derretendo quando o fogo do Sol traz o calor, é que deverá haver algo como discernimento.

De uma forma ou de outra, esse primeiro passo do caminho dialético permanece fundamental. É o passo rumo ao noético em geral, um passo que se deve sempre pressupor, sempre que se quiser prestar esclarecimento com seriedade. Quando Platão descreve a dialética na *Politeía*, sua distinção atua, por inteiro, na esfera noética (*Rep.* 511c_1). Posteriormente, ao analisar o *Filebo*, veremos que também ali foi dado, categoricamente, esse primeiro passo da reflexão para o noético. Ali, Protarco menciona as contradições resultantes da relatividade existente entre a Unidade e a Multiplicidade, bem como entre o Grande e o Pequeno, também introduzidas de forma manifesta na *Politeía* como um despertar para o pensamento, sendo Protarco obrigado a ouvir, de Sócrates, que essas seriam coisas triviais (*Fil.* 14d). Somente quando visse as unidades noéticas perante si, e quando elas fossem simultaneamente Unidade e Multiplicidade, as coisas ficariam sérias – e isso serve de base para a fundamentação posterior do caminho dialético de toda e qualquer ciência. Até a raiz das palavras, faz-se aqui um confronto entre a arte do confundir e a verdadeira dialética, no *Fédon* 101e_1: φύροιο, e no *Filebo* 15de: συμφύρων.

III. A DIALÉTICA DO BEM NO *FILEBO*

Desde tempos remotos, o *Filebo* é considerado, entre todos os diálogos platônicos, a fonte mais importante de que dispomos para a misteriosa doutrina platônica dos números ideais. Claro que tal assunto não nos deverá desviar de nosso presente contexto. Ao contrário, indagamo-nos até que ponto essa doutrina, que nos ficou conhecida principalmente por intermédio de Aristóteles, ainda está atrelada à questão socrática. Também se pode fazer outra colocação: o que imaginou Platão quando, em sua célebre aula pública "sobre o Bem", abordou os princípios do Um e da dualidade indeterminada, para logo em seguida vir a falar sobre as virtudes humanas?[33] O *Filebo* deve trazer uma resposta a essa indagação. Afinal de contas, em nenhum outro diálogo platônico a teoria da dialética está tão estreitamente enredada com a prática dialética como ali. Desde sempre, as "transições" nesse diálogo representam um famoso problema. Acima

---

33. Compare-se a nota explicativa referente à *Magna Moralia* 1182a$_{28}$, citada à página 127.

de tudo, a antiga questão socrática acerca do Bem na vida humana volta realmente a ser posta, e de maneira tal que, ao mesmo tempo, jamais se perde de vista a essência geral do Bem. Igualmente, em falas de máxima generalidade, aborda-se a essência da dialética, sem que, é claro, se estivesse falando, nessas reflexões categóricas, propositadamente sobre "o Bem". Muito mais, a questão geral em torno do Bem está totalmente enleada na ação do diálogo, no debate sobre o significado de *hedoné* e *phrónesis* para a vida humana.

Seguindo essa linha, mais uma vez voltamos a reunir aqui tudo o que, na *Politeía*, se distribui através do vasto leque de contextos do longo diálogo socrático sobre o verdadeiro Estado: a questão socrática do Bem, a doutrina das ideias e sua dialética, bem como a doutrina do supremo princípio do Bem. Tudo isso ocorre em um diálogo mantido entre Sócrates e rapazes bastante jovens a quem ele devia iniciar nos diversos assuntos *ab ovo*.

Realmente, o conhecido questionamento da *Politeía*, ou seja, se o bem supremo seria o Prazer ou o Pensar (*Rep.* 505b), aqui é tematizado em uma dramática confrontação. Ao contrário do que ocorria na *Politeía*, os defensores do prazer já não são rechaçados de antemão. É realmente uma grande característica da vida que domina todos os seres vivos, à qual os defensores dessa posição podem referir-se. Por trás deles, podemos supor a figura do grande amigo de Platão, o matemático e pesquisador Eudóxio, a quem Aristóteles, no mesmo contexto, ainda fazia referência respeitosa (*Ét. niq.* K 2). Em sua pretensão de liderança, o ponto de vista do pensamento precisa justificar-se perante esse princípio geral da vida, o qual também domina os seres humanos que, por sua vez, são dotados de memória, reflexão etc. À primeira vista, tem-se a impressão de que haveria aqui uma confrontação entre duas posições fundamentais incompatíveis. Mesmo para o ser humano, o princípio do prazer possui uma espécie de obviedade desmesurada e avassaladora, da mesma maneira que comanda o comportamento de todos os seres vivos. Parece uma contradição em si que esse princípio deva ser defendido em discurso e resposta; nesse sentido, é totalmente coerente que os representantes desse princípio se defendam exatamente contra o dom de esclarecimento por meio do discurso e da resposta. A impressão mais visível desse fato é vermos que Filebo, o herói que empresta seu nome ao diálogo, retrai-se por completo do diálogo.

Assim, há profunda motivação para que a questão acerca do Bem na vida humana, a velha indagação socrática, conduza, justamente aqui, à tematização do princípio dialético do dom de esclarecimento. A resistência contra essa exigência é dada com o conteúdo essencial da posição hedonista. É coerente o modo como Filebo não se contrapõe a essa exigência com argumentação lógica, mas insistindo, de forma dogmática, na prioridade absoluta da *hedoné*: "Assim penso, e assim sempre hei de pensar" (δοκεῖ καὶ δόξει, 12a$_7$). Ele já se retrata, para não ter de aceitar alguma exigência incômoda que viesse a desagradar à sua "deusa", a Hedoné (encarnação do Prazer). Quando Sócrates apresenta o princípio do distinguir, ilustrando com o exemplo de *tékhnai* especiais, Filebo não sabe o que isso deverá ter com algo que considerava tão seguro (18a$_1$, 18b$_2$); uma alusão semelhante ocorre com o enunciado (22c$_3$): "teu *noûs* também não". Nesta fórmula "teu *noûs*" (ὁ σὸς νοῦς, 22c$_3$), ainda ressoa, na forma negativa empregada, a absoluta parcialidade de Filebo no tocante à sua deusa Hedoné. Tal fato toma forma ainda mais clara com a escaramuça de Sócrates, que, contrariando Filebo, defende o nome oficial de culto da deusa Afrodite (12c). Em oposição à sacralização artificial da Hedoné por Filebo, Sócrates atém-se ao nome de culto. Ou seja, ele a reconhece como um membro do panteão de deuses do Olimpo. Dentro dessa questão, exprime-se a validade parcial e o caráter limitado da pretensão por hegemonia dessa potência mundial da ἡδονή. Apenas uma única vez, Filebo digna-se a voltar a abrir a boca, e somente o faz para uma vez mais reforçar que não se podem impor limites à sede de prazer (27e, como as palavras de Nietzsche: "pois todo prazer quer eternidade").

Protarco, que toma seu partido, pouco a pouco vai sendo iniciado no movimento da prestação de esclarecimento. À medida que isso se realiza, esclarece-se, simultaneamente, a estrutura da dialética. Em primeiro lugar, ele impõe resistência a toda e qualquer distinção do prazer. Prazer seria sempre um único e sempre o mesmo ($12b_7$, $13c_5$). Sócrates contrapõe-lhe o exemplo do gênero cor, salientando que a insistência na mera unidade de gênero nada queria dizer. Urge, muito mais, assim como se quer afirmar algo a respeito do tema, que se distinga, por exemplo, o Ser-Bom. É que, para fugir à pura alogia que reside nesse tipo de equiparação globalmente argumentativa, Sócrates desenvolve a dialética da Unidade e da Multiplicidade, implícita na suposição de tais ideias-unidades, vendo também um mau uso dessa dialética exatamente no momento em que o princípio *hedoné* é defendido por meio de uma equiparação tão global. Quando ele, por seu turno, com exemplos convincentes, apresenta o sentido produtivo do distinguir, seu interlocutor, embora participe, ainda tenta impor uma última resistência: será que realmente se carece de tais diferenciações sutis nos tipos do prazer e do pensamento, em se tratando de uma questão tão existencial quanto a relativa ao Bem? A essa altura, Protarco discursa de forma inteiramente socrática, afirmando que o próprio indivíduo não se deveria manter oculto (19c). No entanto, fala de forma paradoxal, com o intuito de esquivar-se à exigência dialética – uma inversão altamente engenhosa e irônica da seriedade existencial e do jogo dialético. Com surpreendente boa vontade, Sócrates dispõe-se a tentar buscar outro caminho para decidir a contenda. Como sempre ocorre, também aqui ele introduz uma argumentação extremamente misteriosa, a qual, no final das contas, servirá para sustentar sua tese, nomeadamente: provar a prioridade do *noûs* perante a *hedoné*. Essa é a doutrina dos quatro gêneros (23b ss.). A partir daí, o interlocutor sempre participará de bom grado, não mais se deixando desconcertar por uma última intervenção por parte de Filebo (28b). Ocorre, então, algo muito surpreendente. No momento em que a doutrina dos quatro gêneros é aplicada a ambos os contraentes, a *hedoné* é atribuída, de forma global, ao *ápeiron*, e o *noûs*, ao quarto gênero, a *aitía*. Nessa medida, a contenda poderia estar encerrada. Em vez disso, porém, Sócrates pergunta (31b) onde e de que modo (ἐν ᾧ τε καὶ διὰ τί πάθος) estas duas, *hedoné* e *phrónesis*, surgem visivelmente – e a partir desse momento não se faz mais necessária nenhuma persuasão, para envolver o interlocutor em uma análise cada vez mais sutil, cada vez mais diferenciadora, das mais diversas formas assumidas pela *hedoné* (e, posteriormente, também pela *phrónesis*).

Essa talvez até seja a mais discreta transição, mas talvez também, ao mesmo tempo, a mais importante de todas as transições que apresenta esse diálogo tão rico em transições. Essa transição para a concreta diversidade da experiência acontece, de certa maneira, *per se*, e mesmo a aplicação do processo do distinguir, do qual Protarco, de início, se esquivara, ocorre igualmente *per se* e conta com a ajuda voluntariosa deste (32c$_3$).

É digno de nota como essa condução anímica liga-se a explanações tão teóricas sobre os princípios da dialética. Trata-se da típica maneira de Sócrates, misteriosa e oracular – mensagem lúgubre ou mesmo sonho vago – à qual ele costuma recorrer. Está claro que ele não faz uso de nenhum tipo de autoridade, preferindo deixar o interlocutor novamente livre, para assim encontrar o discernimento. Dessa forma, Sócrates realmente consegue que seu interlocutor, por vontade própria, entre no movimento dialético.

Na verdade, dialética como a arte da correta distinção não é uma arte secreta que esteja reservada apenas aos filósofos. Quem está diante de uma escolha precisa tomar uma decisão. Estar diante de uma escolha, porém, é a situação elementar indispensável do ser humano. Com isso, ele é excluído do reino dos outros seres vivos que, ao serem tomados por seus ímpetos animalescos (67b$_5$, θηρίων ἔρωτες), normalmente obedecem, sem nenhuma indagação, a uma espécie de força da natureza. Ser Humano significa sempre voltar a estar diante de uma escolha. Aristóteles assim o explicava: o ser humano tem *proaíresis*. É obrigado a fazer escolhas. Mas ter de fazer escolhas também inclui querer conhecer, conhecer o Melhor e conhecer o Bem, e isso significa: conhecer motivos e distinguir com motivos. Essa é a experiência que se realiza com o interlocutor de Sócrates. O interesse pela vida justa transforma-se necessariamente no dom do esclarecimento através do Bem.

Assim, na verdade, logo a cena inicial, em que ambos os ideais, "prazer" e "conhecimento", são contrastados, é perpassada por uma contradição latente. A maneira como todos os seres vivos obedecem, às cegas, ao imediatismo do princípio "prazer", impulsionados pelo poder secreto do ímpeto vital, não satisfaz a possibilidade do ser humano de levar sua própria vida. Essa questão é exposta assim logo no início, de modo que, no final, terá de resultar a contradição de que aqui algo seja colocado para escolha, mas que, efetivamente, não possa ser escolhido. A cegueira do ímpeto vital, o qual sobre tudo impera, é a falta de escolha. Mas do outro lado da escolha encontra-se aquilo que, por si só, já está escolhido, por estar posto para escolha: o próprio escolher através do conhecimento contido no aquilo. Isso transforma o ser humano em ser humano, de modo que ele precise indagar acerca do Bem, que ele prefira isso àquilo de acordo com uma decisão consciente, ou seja, que ele tenha de prestar esclarecimento a si mesmo (*Apol.* 38a$_5$). Protarco abandona a imaturidade de menor incapaz que possuía enquanto partidário de Filebo, evoluindo para a posição de interlocutor aberto de Sócrates. De início, obedece apenas ao distinguir, mas no final, com sede de saber, já não quer largar Sócrates, de nenhuma maneira. O transcurso do diálogo, passando pela distinção de diversos tipos de prazer e conhecimento, conduz até a tarefa de mesclar corretamente as quotas-partes de ambos para a vida justa, após verem que nem um nem o outro, sozinho, poderia bastar para uma vida boa. Claro que isso é metáfora. A vida é tratada como uma poção, na qual devem ser misturados diversos componentes para a obtenção de um agradável sabor uniforme e bem-acabado. Naturalmente, a justa escolha e a boa composição desses componentes exigem o foco orientado para o Bem, isto é, o olhar direcionado para a combinação harmônica do todo. Eis o que é necessário para que, desse modo, se possa escolher o que compõe o "Ser-Bom" da mistura.

Não se deve deixar-se enganar pela metáfora. Obviamente, não se trata de uma mistura efetiva de substâncias que ocorrem separadamente. Não passa de discurso alegórico. No fragmento 59e$_3$, isso é afirmado com clareza. Ambos os "componentes" existem unicamente no *lógos*. O que seria mesmo do prazer sem consciência, sem discernimento? E uma pura dedicação ao conhecimento, enquanto pura entrega ao que foi pensado, tampouco seria vida. Até mesmo o deus aristotélico regala-se com seu ato de olhar. Assim, aqui em Platão, vemos que em ambos os lados dessa antítese abstrata está oculto o Conhecer-Se, que certamente será o único capaz de tornar ambos os lados desejáveis. Em vista desse caráter oculto do Conhecer-Se, também se entende que apenas se ocorrer a interpenetração de ambos os aspectos, conhecimento e percepção de um lado e, do outro, o "prazer", é que haverá a representação daquilo que, na vida humana concreta, pode ser o unicamente desejável, o humanamente Bom.

Desde o início do diálogo, portanto, a visão está voltada para algo que vai assumindo volume ao longo da conversa: urge a existência de uma terceira coisa da qual a vida boa seja constituída, um *génos* misto composto de *hedoné* ou "ímpeto ilimitado" e de razão (*noûs*) enquanto fonte de todo comedimento e moderação, um *génos* misto, portanto, em que ambos se encontrem. Certamente, não se deve entender a metáfora como se fora uma verdadeira mistura, cuja correta execução viesse a ser o resultado de uma espécie de arte de viver. Não estamos confrontando, na distância de um artista inteligente em suas escolhas, a substância de nossa vida, ímpeto e espírito; somos, muito mais, ambas as coisas. Platão sabe denotar isso. Ele encontra um caminho engenhoso a fim de liberar, por um momento, sua alegoria "técnica" da realização de uma mistura. Na realidade, faz Sócrates insistir em que as próprias multiplicidades de prazer e conhecimento se interroguem sobre até que ponto uma parte aceita a outra. Na verdade, ambas não passam de aspectos abstratos de uma vida efetivamente vivida, a qual encerra em si ambos os gêneros e deverá ser interrogada em sua própria autoexegese (*Fil.* 63a ss.).

No entanto, expresso na alegoria, isso também encerra o seguinte significado: na medida em que a vida boa deva ser a mistura mais bonita e mais isenta de discórdia interna, nela deverão ser apreendidos o Bem, que é igual no ser humano e no Universo (ἔν τ'ἀνθρώπῳ καὶ τῷ παντὶ πέφυκεν ἀγαθόν), e a ideia (ἰδέα) a esse respeito (64a$_1$). Ainda que se tenha apreendido, dessa forma, a metáfora da mistura como alegoria do Conhecer-Se realmente humano, permanece – ainda com mais intensidade – a questão acerca do Bem, do mo do como ele, nessa mistura, se apresenta normativamente. Dessa maneira, uma articulação conceptual daquilo que designamos como Bem torna-se inevitável aqui no tocante a essa mistura, mas isso quer dizer no tocante à concreção do Ser humano.

Agora reconhecemos o verdadeiro significado daquela misteriosa doutrina dos quatro gêneros. Evidentemente, ela é um aperfeiçoamento da doutrina pitagórica dos polos opostos (*péras* e *ápeiron*), sendo introduzida como tal. Não obstante, a novidade consiste em Platão não ser simplesmente um pitagórico; em vez disso, distingue, de forma categórica, o "mundo noético" dos números e as relações matemáticas daquilo que está presente na realidade concreta e visível, a qual ele denomina gênese. Não é mais uma identificação ideativa do Ser. "Existe" a realidade como o gênero mesclado a partir de *péras* e *ápeiron*, da mesma forma que existe o finito e o infinito (e, para esse terceiro gênero, necessariamente, uma causa). Nesse gênero misto do "real", não apenas surgem *hedoné* e *lype* (31c), mas também, em um trecho decisivo, enfatiza-se que o Bem deva ser igualmente buscado ali (61b$_5$). Embora seja simplesmente o Bem na vida humana, aqui também se deve discutir o Bem no Estado e no Universo, como é testemunhado por meio da alusão a *higieia* e *harmonía* (31c$_{10}$), bem como a suas dimensões cósmicas. Com isso, abre-se, para a questão controversa discutida no *Filebo*, a doutrina dos quatro gêneros como preparação e precondição ontológica. Somente se deixarmos de pensar mistura como uma redução e turvação do Puro, do Verdadeiro, do Sem-Mistura, passando a vê-la como um gênero próprio, será ela o lugar em que realmente surge a constituição do Ser do Bem e do Verdadeiro. É assim que se ajusta a metáfora da poção da vida. Ela é preparada ontologicamente por meio da distinção dos quatro gêneros do Ser.

As consequências dessa doutrina vão repercutir sobremaneira na interpretação adequada da dialética platônica, do problema do corismo e da *méthexis*. Caso se trate de limite e precisão, então toda a dimensão noética das ideias é tão pouco responsável por si quanto os ingredientes da poção da vida a serem misturados. Sua homogeneidade dialética com seu oposto, o *ápeiron*, significa que o mundo noético dos números e das relações puras nada mais é que um aspecto abstrato do terceiro elemento, do misto (ἐξ ἀμφοῖν συμμισγόμενον, μεικτόν, 23d$_1$ = 25b$_5$). No fragmento 27b, constata-se de modo patente o fato de esta nossa vida composta de prazer e conhecimento pertencer ao terceiro gênero. Mas isso é praticamente óbvio. Nesse sentido, Protarco acabou tendo dificuldades em entender esse gênero, por ser um gênero onipresente ("eu te deixei atrapalhado"). É a verdade do óbvio, a obviedade da participação do individual no geral, a que Platão faz alusão aqui. Após as atrapalhações de uma dialética fazedora do Uno e do Múltiplo, a qual incorre no vazio de conteúdo, o terceiro gênero, o misto, surge como o "Ser devindo" (γεγεννημένη οὐσία, 27b$_8$). O fato de isso realmente ser um "gênero" próprio, e não derivável da oposição "eidética" *péras-ápeiron*, mas sim um Ser com sua própria maneira, se expressa no quarto gênero, na "causa" da mistura.

A doutrina desenvolvida acerca dos quatro aspectos do Ser é uma doutrina universal-ontológica, ou seja, excede o pretexto especial da questão em torno do Bem na vida humana, abrangendo o Universo e sua constituição. Todavia, ainda se pode afirmar mais: em toda a obra dialógica de Platão, nenhures se chega tão perto, quanto aqui, do legado aristotélico secundário dos dois princípios, a saber: o princípio do Uno e o da Díade indeterminada. A partir daqui não se poderia nem mesmo descartar como totalmente impossível algo como uma física, isto é, uma ciência das ideias referente àquilo que, de acordo com sua essência, é Devir. É Devir para o Ser, Ser devindo. Da mesma forma, também está aí contida a questão acerca do Bem na vida humana. Indiferenciadamente, física e ética ainda podem manifestar-se aqui como meras aplicações da constituição ontológica básica do Bem, e a forma de discurso com que essas duas maneiras de manifestação do Bem são aqui descritas pode ser considerada, a partir da engenhosidade conceptual aristotélica, mítica: um mundo cujo surgimento e cujo ordenamento são causados e executados por um contramestre que dispõe de discernimento; uma vida humana que um preparador ideal de poções, a partir de seus conhecimentos e habilidades com seus ingredientes, mescla para dar origem à poção mista; tudo isso são metáforas míticas. A meu ver, elas se realizam conceptualmente na física e na ética aristotélicas.

Se supusermos o Bem como causa da excelência (do Ser-Bom) de toda mistura, ou seja, no final das contas, como causa de tudo o que é Real (64d$_3$), o célebre "para além de todo Ser" ganhará um novo significado. O Bem não mais será o "Uno". Inversamente, passará a ser apreendido, de maneira clara, no ideal da mistura e em três momentos (συντρισί). Como medida e proporção sempre estão presentes na beleza e na *areté* (μετριότης γὰρ καὶ συμμετρία, κάλλος δήπου καὶ ἀρετὴ πανταχοῦ συμβαίνει γίγνεσθαι, 64e$_6$), a *dýnamis* do Bem buscou abrigo na *phýsis* do Belo.

A essa altura, estamos muito distantes de uma doutrina dialética secreta e abstrata. Eis o significado explícito: todos sabem do que se trata (64d$_7$). Por esse motivo, também não se encontra, na presente descrição, nenhuma precisão terminológica. Beleza, simetria ou *metriotes* e verdade (*alétheia*) são mencionadas como os três elementos estruturais do Bem, que surge como o Belo.

Desse modo, na estreita relação existente entre o Bem e o Belo, aqui destacada com ênfase, podemos reconhecer uma referência a que o "Bem", que concomitantemente é o "Belo", não existe em lugar nenhum por si nem em si nem para além de si, mas sim em tudo o que reconhecemos como uma bela mistura. Aquilo que, na perspectiva da *Politeía* (ou do *Simpósio*), é almejado como o Bem ou o Belo puro, sem mistura, "para além do Ser", designa-se aqui como a estrutura do próprio "misto" e sempre parece ser encontrável apenas no que é um Bem e um Belo concreto, de forma tal que a própria unidade e estrutura da manifestação consistem em sua excelência (seu "Ser-Bom"). Isso não me parece, por exemplo, uma mudança da doutrina platônica que provoque uma renúncia à doutrina das ideias ou à "transcendência" do Bem. Permanece verdadeiro que "o Bem" precisa ser extraído e examinado de dentro para fora a partir de tudo o que se manifesta bem. Mas ele está em tudo e é visto de dentro para fora, porque existe ali dentro e reluz para o exterior.

Nesse sentido, o *Fedro* já dá um aceno decisivo nessa direção quando, em seu grande mito sobre o dom divino de Eros, empresta um destaque especial à beleza: ela é a única que mantém algo do antigo brilho da ideia, mesmo após a queda nesse mundo terreno. Ela cintila aqui entre nós. É a mais reluzente e mais encantadora para o amor (ἐκφανέστατον καὶ ἐρασμιώτατον, *Fedro* 250c_1). Desperta nos amantes o anseio e o desejo pelo mais sublime. – Isso certamente não é uma resposta conceptual ao problema da participação do individual no geral. Mas já é um destaque significativo do Belo, seu "evidenciar-se". Pois isso significa, na verdade, que está contido no visível. Com efeito, o Belo que é o Amado é a "pura" Beleza em grau eminente. Encontra-se na mais perfeita visibilidade de seu brilho. Afinal de contas, Ser-Belo significa: poder deixar-se ver (cf. acerca do Feio, *Filebo* 65e). Dessa maneira, a partir do *Fedro*, também se entende o sentido da frase segundo a qual o que o Bem pode ser tem sua "potência", tem sua forma de manifestação no Belo. É, por si só, consoante sua própria natureza, surgir, cintilar, reluzir (ἐκφανέστατον)*.

Assim, da maremotriz do audível, ergue-se o caráter dos "sons puros"', determinado pelas relações numéricas: a harmonia da música; ou, a partir do mundo visível, erguem-se as características escritas determinadas pela função gráfica da música; e, de todo o mundo audível restante, erguem-se os fonemas como a articulação excepcional de sentido, a qual eles são. De forma semelhante, é erguido o elemento vivo enquanto corpo orgânico (*Filebo* 29d$_8$), bem como todo o universo enquanto ordem harmônica. Do jorrar incessante da simples gênese, são erguidos e elevados para o interior da *ousía*. Isso compõe a razão (*noûs*) ou o desocultamento** (ἀλήθεια) dessa ordem. Em tudo isso, consegue-se ver o ideal (o "número"), pois existe ali dentro (εὑρήσειν γὰρ ἐνοῦσαν, *Fil.* 16d$_2$).

Portanto, o fato de o Bem se ter ocultado no Belo simplesmente significa que ele apenas pode ser encontrado no Belo. Se medida, simetria e evidência caracterizam o Belo, é ao mesmo tempo o Bem que garante, a tudo o que é, seu verdadeiro Ser (aquilo que aqui designamos como ideal).

Na *Politeía*, já se falava da *dýnamis* do Bem, assim como se afirmava que o Bem confere, a tudo, sua *alétheia*. Agora ele "surge", manifestamente, como o Belo. Não pode ser separado do que é a cada vez. Isso pode ser ex-

---

* Em alemão, todos os termos usados por H.-G. Gadamer nesse contexto têm uma raiz verbal comum oriunda do verbo *scheinen*, que significa "brilhar", "parecer". (N. do T.)

** Em alemão, o termo utilizado é *Entborgenheit*, empregado na filosofia de Heidegger. (N. do T.)

plicado até linguisticamente. Embora a fala do *Filebo* não encerre uma qualidade terminológica, tem-se o direito de lembrar como é caracterizada, na *Politeía*, a enigmática essência da *dýnamis*, de não ser por si só, mas por seu objeto e pelos efeitos que ela produz (ἐφ' ᾧ τε ἔστι καὶ ὃ ἀπεργάζεται, *Rep.* 477cd). Isso tem validade geral. Dessa forma, também se faz mister ver a *dýnamis* do Bem na multiplicidade dos efeitos que ela produz, assim como a *dýnamis* da vista consiste em sua história e em nada mais. Explicando com outros termos, significa dizer que se trata da inseparabilidade existente entre o Uno e o Múltiplo. O verdadeiro "Ser" é Uno, mas, em tudo, Muito, ou seja: separado de si mesmo, "o que nos parece o maior absurdo" (*Fil.* 15b$_6$). Sendo Uno e o mesmo em Muitos, separados entre si, estará totalmente ali dentro, estando, concomitantemente, separado de si mesmo. Eis a relação de aparência absurda, da qual Sócrates tenta esquivar-se no *Parmênides* (131b) com a referência ao dia, que é igual em todos os lugares, sem se separar de si mesmo. É verdade que ali ele não consegue fazer um registro correto, por ainda ser jovem. No entanto, é exatamente o mesmo que Sócrates afirma no *Filebo* como sendo a causa de todo tipo de dificuldade quando os aspectos do Uno e do Múltiplo não são considerados corretamente, ou como a causa de bons resultados, quando considerados corretamente (*Fil.* 15c).

O bom caminho do entendimento trilhado pelo diálogo no *Filebo* realmente deixa para trás – a esse respeito, Sócrates advertira no início – os artifícios erísticos de uma dialética ilusória. Não se trata de um pensamento efetivo, pois se sucumbe, nesse processo, ao desejo cego por sucesso no debate (ὑφ' ἡδονῆς ἐνθουσιᾷ τε καὶ πάντα κινεῖ λόγον ἄσμενος, 15e$_1$). Por certo, o entendimento que o diálogo trilha, o caminho do distinguir e da tomada de decisão definitiva, aceitando-se e recusando-se com base na ponderação, não se compatibiliza muito com a reflexão teórica feita por Sócrates sobre o caminho do entendimento razoável. Nos exemplos por ele empregados, referentes à música e à arte de escrever, trata-se de diferenciações, ou melhor, de articulações da "voz", as quais formam um sistema. Todas as formas de cantar e de dizer baseiam-se na regularidade razoável do uso musical ou linguístico da voz. Isso é *tékhne*. Aquilo que é então produzido como a *mímesis* musical ou como o conteúdo de discurso (persuasão, instrução ou poesia), a partir dessa *tékhne*, desse "saber", pode mais uma vez ser, por um lado, o desempenho de uma *tékhne*, mas também pode ser o desempenho de outra. Pense-se, à guisa de exemplo, na verdadeira retórica do *Fedro* em oposição à mera gramática, esse saber geral que, na obra de Platão, paira, de maneira notável, entre a articulação de signos gráficos e a articulação da voz que fala. Ela é a precondição de todo diálogo (e de todo "diálogo" com forma literária) e, no final, do pensamento que a tudo diferencia, dito de forma genérica. Nesse sentido, ela naturalmente também vale para a busca da vida justa, representada no *Filebo*. Mas não quer dizer que, por terem aprendido a falar (ou a escrever), os que buscam a vida justa já estejam no bom caminho dialético do entendimento genuíno sobre o Bem. O caminho da busca da Verdade, por certo, é dialética em um sentido diferente do que o são aquelas "artes". Pode até haver algo em comum nisso: o ordenamento de um "Uno" em determinada Multiplicidade que é, ela própria, ideal. Na linguagem da lógica, isso é a unidade do gênero e a multiplicidade de classes e subclasses, na qual ela se especifica. Ainda se pode até mesmo admitir uma função exemplar geral para o número. Afinal de contas, a arte do distinguir somente alcança seu alvo quando não mais se podem alcançar unidades especificáveis: sons, fonemas etc. Desse modo, em todo ordenamento dialético de um Uno em um Múltiplo, pode-se avistar determinada aproximação da classificação entre ideia e número, como veremos a seguir.

O distinguir ocorre aqui no Uno-Noético, e é o princípio do número que o *Filebo* introduz, nesse contexto, como o fogo realmente alumiador de Prometeu. O legado pitagórico da identificação do Ser e do Número é desenvolvido no novo nível do Ser noético. Dessa forma, à multiplicidade que o Uno contém em si mesmo, cabe precisão numérica. É um Múltiplo; não, porém, um Muito indeterminado, mas assim e deste tanto. À precisão numérica daquilo em que consistem sons e relações de sons na música, esse velho legado pitagórico, corresponde a idealidade da língua e da escrita, as quais articulam com abrangência, ambas, os fonemas humanos, colocando-os assim à disposição[34]. É, pois, uma estrutura ideal, ou seja, uma relação de ideias que serve de base a tal conhecimento e saber que compõe a *tékhne*. Nesse processo, certamente não se elimina a relação com a produção em realidade sensível – dos sons e da música, bem como do discurso articulado e da escrita registrada. Todavia, o que é produzido de tal forma mantém, ele próprio, um tipo extraordinário de idealidade. É um mundo de signos, um mundo indicador que aponta para o ideal.

---

34. Ainda nas Aporias do Livro B da *Metafísica*, B 4, 999b$_{30}$, a "idealidade" das letras torna-se clara, e isso significa que possuem uma generalidade ideal que encontra sua multiplicação na individualização do uso.

Não se trata, pois, de um ofício artesanal qualquer, que venha a ser visto como um qualquer ao lado dos outros, e do qual Platão diria ser menos uma *tékhne* e mais uma mera rotina (τριβή); trata-se, muito mais, de duas artes que mais tarde foram classificadas como "livres", por não serem, a seu modo, subordinadas a nenhum objetivo especial e por serem altamente abrangentes.

A mistura da poção da vida também possui um aspecto abrangente de tal estirpe. Ressalte-se que os ingredientes admitidos gradativamente nessa mistura somente têm a ver com o número, na medida em que seu exame também deve ser abrangente e exaustivo. No entanto, não se pode defender a opinião de que, da mesma forma que se aprende a cantar, falar ou escrever, sabendo-se essas coisas no final, também se aprenderá a viver e, no final, se saberá viver.

Ou será que não se deveria simplesmente afirmar que se aprende a prestar esclarecimento sobre a vida justa, assim como sobre tudo, e que, no final, se sabe fazê-lo? Mas é exatamente o que aprendemos a partir do *Diálogo*: que a dialética não é uma arte que se aprende como a escrita – como algo que outros não sabem (os analfabetos). Na verdade, o pensamento é uma arte, mas uma arte que cada um pode exercitar, sem nunca terminar de aprender. Tampouco se pode afirmar que a vida seja uma arte que se possa aprender até o fim, e os pensamentos justos sobre a vida, a ideia da vida justa, o mais sublime que se queira aprender (μέγιστον μάθημα) só se tornem visíveis nesse esboço geral. Assim como Aristóteles sabe que sua reflexão teórica, por ele designada como ética, deve servir à vida realmente vivida, também está claro para Platão e para o leitor do *Filebo* que o resultado desse diálogo, o ideal de uma vida justamente harmonizada, é, enquanto tal, um *lógos* que aponta para o *érgon*: escolher o Justo no momento da escolha. Aqui não é o lugar para continuar a buscar as relações internas entre a dialética do Uno e do Múltiplo e a doutrina dos números ideais. Interessa-nos, aqui, apenas o Uno; interessa-nos que a vida humana, como todo Ser, pertença ao gênero misto e que, na realidade do misto, surja aquilo que se chama Ser-Bom. Na verdade, convém que isso signifique o seguinte: assim como todo Essente apenas tem Ser na concreção de sua precisão, ou seja, encontra-se inserido em um ambiente do ilimitadamente variante, isto é, da gênese, da mesma maneira a condução da vida humana guiada por razão prática somente conterá o Bem de tal forma que esse se concretize em seu real agir, que é uma escolha de alguma coisa diante de outra. Também significaria que todo agir, na medida em que seja decisão, encerra sempre um aspecto de incerteza, pois tem de movimentar-se em um elemento que, por si mesmo, furta-se a toda e qualquer precisão e finitude, sendo chamado, por essa razão, de *ápeiron*.

Por conseguinte, a vida humana é, em si mesma, dialética. É, simultaneamente, Uno e Múltiplo, em cada momento, é ela própria e, consequentemente, está separada de si mesma, da mesma forma que, no final, o Ser-o-Quê de todo Essente é de forma tal, que é, em todo partícipe (τὸ μετέχον), ele próprio. As aporias formuladas no *Filebo* devem ser entendidas literalmente. Elas não são nenhuma contradição, mas o caminho do próprio pensamento.

Em uma perspectiva um pouco diferente, essa doutrina tão decididamente obsequiosa para com a crítica aristotélica parece-me refletir também no *Político*. Nele é feita uma distinção entre uma geometria relativa e uma geometria que toma como medida o simétrico. A geometria relativa conhece unicamente um Mais para um Menos ou um Menos para um Mais, enquanto a verdadeira geometria, para a qual o simétrico é a medida, conhece um Mais que não apenas é Mais em comparação a um Menos, mas que realmente é tal coisa: ὡς ὄν, *Pol.* 284a$_9$. É assim que, por meio de tal geometria, vem à tona o simétrico: πρὸς τὴν τοῦ μετρίου γένεσιν, *Pol.* 284c$_1$. Sem querer entrar no mérito do contexto em que ocorre a distinção entre essas duas geometrias, temos o direito, contudo, de afirmar: do ponto de vista ontológico, o simétrico é aquilo que, no *Filebo*, designa-se como misto, ou seja, tudo o que tem a ver com o Simétrico, o Adequado, o justo Momento, o Obrigatório (τὸ δέον), em resumo, com o mediano entre os extremos: 284e$_6$ s. Aqui se encontram, precisamente, os conceitos elementares da ética aristotélica. Por mais que tenhamos de admitir que a preocupação socrática com a própria alma é expandida, através do Sócrates platônico, na direção tanto do político-utópico quanto do cômico-universal, certamente ainda vemos viva a indagação socrática também quando se propõem para discussão a doutrina universal das ideias e a essência geral da dialética. Isso é sobretudo o que nos ensina o *Filebo*.

Faz-se mister ver esse resultado junto com a transcendentalidade do Bem, sublinhado com tanta ênfase na *Politeía*. Ali, de forma dificilmente compreensível, aquilo que faz boas todas as coisas boas viu-se empurrado para fora da posição de Essente. Não é Um ao lado do Outro. "Ele mesmo", αὐτὸ τὸ ἀγαθόν, retira-se. É o Ser das ideias em geral, embora ele próprio não seja uma ideia.

Espero agora ter tornado crível que essa é a forma mítica, na qual Platão, no fundo, expressa o que, no *File-*

bo, faz claramente, ou seja, ali o Bem "surge" no Belo; também gostaria de mostrar que é esta problemática encravada na questão mítica acerca do Bem que Aristóteles mais tarde caracterizará como o problema da analogia, a "analogia entis"[35]. A transcendência do Bem exclui pensá-lo como uma ideia, como um conteúdo de quê, o qual seria, de certa forma, um gênero superior que a tudo abrange. Mas também não é necessário que, somente então, o Ser, tanto o do Bem quanto o de cada Ser-o-Quê, venha a ser transmitido com o Essente, seja por especificação, por *diaíresis* ou por alguma forma qualquer de classificação, para que aquele iguale este. Ele não pode, em absoluto, ser transmitido dessa maneira: aparece, diretamente, no Essente. Isso está expresso na afirmação de que o Bem buscaria asilo no Belo. Assim me parece, como resultado dessa análise sobre a posição especial ocupada pela ideia do Bem na obra platônica, que a chamada autocrítica de Platão, como normalmente se costuma interpretar seu diálogo *Parmênides*, deveria ser, de preferência, exercitada por nós em nós mesmos. No final, é sempre uma coisificação equivocada, quando se quer pensar a participação do Essente no Ser como uma relação de Ser, em vez de reconhecê-la, de antemão, como o ponto de partida de todo discurso razoável sobre ideia e sobre generalidade.

Quem procurar pensar, por si, a essência transcendental do Bem não poderá pensá-la como "um Bem". Em vez disso, terá de voltar os olhos para a ordem de Ser em três níveis, nomeadamente Alma, Estado e Mundo, a qual se desenvolve miticamente nos diálogos platônicos,

---

35. Cf. E. Frank, *Wissen, Wollen, Glauben* [Conhecer, querer, crer], 1955, pp. 86-119.

em especial na *Politeía* e no *Timeu*. A unidade entre Unidade e Multiplicidade, que aqui surge a olhos vistos, não consiste apenas em sua própria beleza – é a *dýnamis* do Bem que, em todas as partes, mantém tudo coeso e conduz à Unidade.

IV. A CRÍTICA ARISTOTÉLICA À IDEIA DO BEM

Mas como é mesmo a crítica aristotélica "ao Bem"? Será que ela ainda dispõe de um objeto? E a crítica à doutrina das ideias? Deixando-nos guiar por essas indagações, examinaremos a crítica aristotélica conforme os critérios obtidos em Platão. Por motivos metodológicos, abstrair-nos-emos, em nossa análise, da reconstrução de textos não conservados – como, no caso de Platão, a duvidosa lição "Sobre o Bem" –, atendo-nos inteiramente aos três tratados éticos contidos no *corpus* aristotélico. Com referência a estes, não precisamos nem mesmo confrontarmo-nos com a questão sobre se os três são escritos aristotélicos genuínos. Em especial, desde os comentários feitos por Dirlmeier acerca da *MM* (*Magna Moralia*) e da *EE* (*Ética eudemeia*), pode-se considerar como certo que se trata realmente de ideias genuinamente aristotélicas[36], e que é simplesmente impressio-

---

36. No caso da *MM* e de seu "estilo" tão acentuadamente didático, que tem sido destacado recentemente de forma justa (Brink, Theiler, Dirlmeier), a hipótese mais simples que também abrange determinadas peculiaridades estilísticas e inexatidões compositivas ainda me parece

nante a coincidência dos três tratados entre si nessas três críticas platônicas. Indubitavelmente, os próprios textos representam um desafio para nosso princípio metodológico geral de destacar os pontos comuns entre todos os pontos distintivos e usar os textos para a elucidação recíproca. Além disso, nosso princípio recomenda não nos deixarmos levar, em absoluto, pela tentativa feita por pesquisadores (Arnim, Gigon, entre outros) de atribuir diferentes argumentos a determinados "platônicos". Pois, mais uma vez, realmente significativa não é tanto essa diferenciação, em comparação aos pontos comuns existentes na argumentação e mantidos apesar de toda a variação, que são apresentados pelas três críticas aristotélicas. De maneira mais exata, poder-se-ia contestar se tudo o que nelas leva à ponderação e à refutação crítica tem seu fundamento na verdadeira doutrina de Platão, ou se alguns aspectos não adviriam de desdobramentos especulativos dessa doutrina. Todavia, como Aristóteles não tem mesmo como objetivo um relato fidedigno, e como sempre se deve levar em consideração sua intenção crítica – o que foi mostrado de modo convincente em especial nos trabalhos de Cherniss –, nosso método somente pode consistir em avaliar, pela problemática material implícita ao próprio Platão e na perspectiva dessa

---

ser tratar-se de uma espécie de apógrafo realizado por outra mão – não se trataria, pois, de um trabalho "autoral", mas de um manual bem elaborado. Sobretudo o "interesse lógico" do texto, corretamente observado por Dirlmeier, explica-se facilmente como consequência de uma abordagem esmiuçadora da palestra didática. Além disso, algumas discrepâncias na construção das ideias da *MM*, por exemplo a protelação do conceito de *eudaimonía*, não deverão causar espanto, caso se trate da reprodução de uma palestra vivaz, mas que não se destinava a virar um texto para leitura.

problemática, as afirmações de Aristóteles. Para nosso objetivo, nem mesmo é preciso perguntar, por exemplo, por quem foram desenvolvidos os diferentes argumentos[37].

Também nos manteremos distantes de toda e qualquer hipótese sobre a relação mútua entre as três éticas. Nos três tratados, a crítica à ideia do Bem se dá no início e significa, em todos os três, exatamente a pretensão ontológico-universal de Platão. Nos três tratados, o aspecto decisivo da crítica consiste em que o conhecimento de tal Bem nada de mal possa fazer contra a filosofia da prática humana. No fragmento *MM* 1182a$_{25}$ ss., critica-se Platão abertamente, por ele ter empurrado para dentro de sua doutrina ontológico-universal do *agathón* – aquela famosa aula – a questão em torno da *areté*. De acordo com isso, a questão socrática acerca da *areté* seria incompatível com a questão universal sobre o "Bem", à qual visa a dialética platônica. Com efeito, essa é exatamente a questão que foi por nós levantada em relação ao texto da *Politeía*.

Não obstante, a redução ao interesse da filosofia prática não deixa silenciar a questão sobre em que deverão consistir os pontos comuns do Ser-Bom. Afinal de con-

---

37. Seria o fragmento 1182a$_{25}$ ss. da *MM* uma alusão à lição perdida ou, muito mais, uma polêmica contra a *Politeía*? O ἀπέδωκεν ἑκάστῳ pode ser algo mais que uma alusão à *Rep.* IV? Principalmente a expressão contida no fragmento 1182a$_{27}$: καὶ συνέζευξεν exprime muito bem a possibilidade de alusão. Conforme o tema, a observação crítica seria, então, uma negação da expansão da chamada República dos Quatro Livros. – Ou será que se deve ler a mensagem da seguinte maneira: a aula de Platão sobre o Bem teria sido muito boa e bonita se nela ele tivesse deixado de falar sobre as *aretai*? Isso casaria bem com o relato de Aristóxenos. No entanto, eu gostaria de opinar que foi o próprio Aristóteles – e não um outro – quem fez essa afirmação e realizou essa inversão das expectativas populares com tal sarcasmo.

tas, o fato de tantas coisas diferentes serem consideradas "boas" certamente não será uma mera ambiguidade externa. Com maior razão, os termos claramente expressos na *EN* – οὐ γὰρ ἔοικε τοῖς γε ἀπὸ τύχης ὁμωνύμοις (1096b$_{26}$) – valem para ambos os tratados: *MM* oferece o argumento de que o Melhor (τὸ μάλιστα ἀγαθόν), o Bem em si, deveria ser ideia, isto é, seria "o Bem" de todas as ideias, quase justo (ἀληθὴς μέν ἐστιν ἴσως, 1183a$_{32}$); por outro lado, a frase conclusiva da crítica na *EE*, que se nos chegou mutilada, parece até mesmo exigir – após ter sido tratado o ἄριστον τῶν πρακτῶν – a análise da diversidade de significados de ἀγαθόν em relação ao ἄριστον πάντων (1218a$_{25}$)[38]. Seja como for, o redator da *EE* tam-

---

38. É verdade que Dirlmeier busca corrigir o ποσαχῶς e, consequentemente, a alusão inteira referente ao problema universal do Bem, mas, em relação ao fragmento 1218b$_4$ ss., que no tocante ao conteúdo se aproxima do 1217a$_{31}$ ss., isso não me parece aceitável. Em ambos os trechos, são mencionados ἀγαθά ou uma parte de ἀγαθόν, que não são πρακτόν. Naturalmente, não sei se o próprio Aristóteles escreveu, nessa passagem, σκεπτέον ποσαχῶς, após a frase sintetizadora: τὸ δ' ὡς τέλος ἀγαθὸν ἀνθρώπῳ <ἐστί> καὶ τὸ ἄριστον τῶν πρακτῶν. *Pode* ter sido o acréscimo feito por um redator que reivindica o horizonte mais amplo, de cunho ontológico-universal, após esse resumo. Seja como for, em nosso texto (1218a$_{25}$ s.), é manifesta a oposição entre τὸ ἄριστον τῶν πρακτῶν e τὸ ἄριστον πάντων.

No tocante ao estado de nossos textos, façamos uma observação geral: Gigon adora o discurso de um redator, deixando em aberto se esse era o próprio Aristóteles. Tem plena razão, na medida em que nem sempre se devem adotar os critérios de consistência estilística de uma tese literária para os tratados éticos. Mas suas próprias adjetivações ("negligente", "descuidado", "impreciso" etc.) incorrem nesse equívoco em demasia. Não se deve deixar-se enganar por formulações isoladas, geralmente capiciosas, como se fora um "texto". Em especial a composição gráfica, com frequência, é realmente "descuidada" – ou melhor: dependente do auxílio advindo do discurso oral.

bém tem plena consciência do amplo sentido de um *agathón* abrangente. Assim, é possível averiguar que Aristóteles, nos três tratados, não se restringe ao argumento da relevância prática, o qual considerava decisivo; em vez disso, vê-se expulso da estreiteza da temática prática[39].

Assim, o argumento das categorias encontra seu lugar nos três tratados. Na verdade, é muito conveniente refutar a pretensão prática de uma ciência geral do Bem. Contudo, ao mesmo tempo, manifesta-se aí que o problema do Bem permanece ligado indissoluvelmente ao problema do Ser. Assim como no caso do "Ser", é uma questão genuína o modo como interagem os diferentes

---

39. Coisa semelhante se constata em outros trechos da obra de Aristóteles. A título de ilustração, sua averiguação do que é física não lhe permite, de forma alguma, colocar em discussão, no âmbito da física, a filosofia eleática. Afinal de contas, ela nega a existência do movimento em geral. Apesar disso, ele inclui a crítica eleática em sua preleção de física (A 3,4). No presente caso, de forma semelhante, a constatação do que é filosofia prática exclui, de antemão, a discussão pormenorizada da ideia platônica do Bem. Todavia, ele a aborda, embora aluda com insistência ao fato de ela pertencer a outro contexto. Tem-se a impressão de que ele estaria embaraçado quanto à questão do contexto ao qual pertencem coisas desse tipo. Desse modo, no final das contas, é preciso afirmar que, em tais embaraços que costumam aparecer na obra de Aristóteles, reflete-se o embaraço maior que chamamos "metafísica". O compêndio, que posteriormente recebeu essa denominação, é, de certa forma, uma coleção de tais embaraços, cujos pontos comuns consistem em seu caráter limítrofe. Tomando-se consciência disso, não será mais nenhum enigma o fato de os enunciados do Livro Gama, segundo os quais a ciência buscada tem o aspecto de uma ontologia formal, do Livro Zeta-Eta (a doutrina da substância, da *dýnamis* e da *enérgeiai*) e do Livro Lambda (a chamada teologia) não coincidirem exatamente, nem tampouco que o Livro das Aporias de Beta se autorrepresenta de modo singular. Finalmente, o fato de o Livro Epsilon apresentar uma determinada harmonia redacional não contradiz a constatação acima.

sentidos de Ser, ou seja, o sentido de substância e o sentido das outras categorias, coisa igual também parece ter de valer, é claro, para o Ser-Bom. Na realidade, não só quanto ao Ser, mas também quanto ao Bem, Aristóteles faz referência ao problema da analogia. Nesse sentido, ele certamente não está cego em relação à questão ontológico-universal do "Bem", apesar da crítica que tece a Platão nas Éticas. É tão somente o interesse "prático" dominante na ética que ali lhe permite furtar-se ao problema com certa facilidade – porém, não por completo.

Na maioria dos casos, Aristóteles deixa-se levar tanto pela doutrina platônica quanto por sua refutação na *EE*; por conseguinte, será apropriado, em nossa análise, voltar nossa atenção para esse fato, mas obviamente sem deixar de recorrer aos outros dois tratados, para esclarecimentos. Nessa linha de pensamento, deixamo-nos guiar pelo seguinte resultado de nossa pesquisa sobre Platão: também aos olhos de Platão, o "conhecimento do Bem" era um extraordinário modo de conhecimento – "para além" das "ciências" – que não é da estrutura cognitiva da *tékhne*, ou seja, não realiza derivações a partir de precondições, mas sim prestação de esclarecimento sobre o *télos* maior no sentido de penetração dialética daquilo que Hegel designa como "concreto-geral". Não será o Bem encontrável tanto em tudo o que é πρακτόν quanto em tudo o que está para além de toda e qualquer prática humana? Não será o Bem a medida imanente (μέτριον no sentido do *Político*) na Alma, no Estado e no Mundo? E o discurso do corismo não será especialmente enganador sobretudo para a ideia do Bem?

Podemos esperar que a intenção crítica de Aristóteles não faça vir à tona, por vontade própria, essa perspectiva. O contrário está claro: ele precisa reduzir a importância da "transcendência do Bem", a qual normalmente destaca o Bem diante das outras ideias, ou seja, precisa pôr a ideia do Bem em um mesmo patamar que as outras ideias. Por essa razão, ele precisa insistir veementemente no Ser-χωριστόν da ideia do Bem. Mas será que, apesar de tudo, a verdadeira intenção de Platão, de certo modo relutante, torna-se visível na discussão aristotélica?

Ora, *EE* A 8 inicia-se com duas fórmulas que interpretam a ideia do Bem e que, com bastante fidedignidade, evocam enunciados platônicos. A primeira fórmula diz que o Bem é o Primeiro com cuja supressão também o Outro, que dele é consequência e, por esse motivo, é "bom", é cossupresso. Embora não ocorra nos próprios diálogos, essa fórmula encerra uma inegável marca platônica, como foi comprovado principalmente por P. Wilpert em seu trabalho *Zwei aristotelische Frühschriften* [Dois escritos aristotélicos iniciais] (pp. 148-56). Para as disciplinas matemáticas, Konrad Gaiser, como já mencionamos acima, à página 91, demonstrou, de modo convincente, a sistemática das disciplinas matemáticas como ordenamento consequente de número, ponto, linha, superfície e corpo, interpretando-a como uma espécie de esquema com sistemática platônica. É evidente que os números dependem do Um, embora certamente não sem o Dois. Também em nosso texto, há uma conclusão que condiz com essa ideia, enquanto Aristóteles (1218a_{15} ss.) afirma que o Bem não deveria ser derivado dos números, mas a partir do que cada um reconhece como bom, e enquanto afirma que, inversamente, a partir do Ser-Bom de ordenamentos (como saúde ou harmonia anímica) se deveria tirar, quando muito, a conclusão de que também os números, por sua estrutura ordenada, seriam de certo modo bons. O fato de os números "aspirarem" ao Um, como é mostrado em seguida, é uma metáfora (que Aristóteles, como de costume, toma ao pé da letra) (1218a$_{22}$ ss.)[40]. Para minha intenção, aqui também não interessa averiguar se isso é a doutrina especial de um platônico. Em todo caso, permaneceria uma conclusão a partir da doutrina platônica do Bem e do Uno, a qual convém interessar-nos em nosso contexto. De qualquer maneira, o princípio do "Primeiro", de onde parte a *EE*, torna-se palpável nos números. Agora irrompe a questão: se os números exercem tal função central, como aqui se presume, como fica a situação do corismo do Bem? E como fica a situação do corismo das ideias, se as ideias são números? E os números não estão, por exemplo, nas coisas? (Volto a fazer referência a *Fil.* 16d.) E não será o Um que está contido em todos os números como Múltiplos de Uns, sendo, neles, realmente "separado de si mesmo"? Se interpretarmos as ideias como números, essa enunciação aporética de Platão se tornará imediatamente compreensível (*Fil.* 15b$_6$, αὐτὴν αὐτῆς χωρίς, *Parm.* 131b). A Unidade do Um tanto é para si mesmo quanto também está "dentro" dos números.

Com isso, aproximamo-nos da segunda fórmula que, mais que a primeira, pode ser considerada platôni-

---

40. Aqui, em vez de ἀγαθόν, Aristóteles diz καλόν, cf. *Met.* 1078a$_{31}$ ss., mas certamente apenas para reservar o ἀγαθόν aqui ao πρακτῶν, evitando assim mal-entendidos. Parece-me tratar-se de uma pequena diferenciação terminológica, por meio da qual Aristóteles, para alcançar seus objetivos, aqui modifica o estreito vínculo – correspondente ao uso comum da língua – entre ἀγαθόν e καλόν. Eu, portanto, não fundamentaria nenhuma diferença didática nos trechos cuidadosamente compilados por Dirlmeier (referentes ao trecho em questão), e menos ainda fundamentaria uma hipótese de desenvolvimento interpretativo.

ca e está muito bem atestada, sobremaneira no tocante à ideia do Bem. Trata-se da fórmula geral da "participação", a qual, na obra de Platão, também é usada pela participação nas ideias. Ela é usada aqui para o Bem, o qual seria, por sua presença, causa do Ser-Bom de todo Essente-Bom. Exatamente essa fórmula surge na introdução da ideia do Bem na *Rep.* IV (505a). Como uma espécie de argumento evidente, diz-se ali que a ideia do Bem seria a mais elevada das ciências (μέλιστον μάθημα), pois a tudo abrange. Certamente, lembramo-nos que "presença", "participação", "semelhança"[41] sempre apenas são metáforas, cuja realização conceptual o jovem Sócrates não quer lograr (no *Parmênides*) quando o velho Parmênides submete-o a uma pressão socrática. Caso se queira entender as intenções e os limites da crítica de Aristóteles a Platão, nunca se deverá perder isso de vista. Aristóteles tinha de estar cônscio disso, ao repetir ali o argumento que o próprio Platão exacerbou no *Parmênides* sob a forma de aporia, defendendo-o *ad absurdum*: a completa separação entre ideias e fenômenos.

Uma resposta conteudística à pergunta sobre o que está ali presente quando algo é "bom" delineia-se ainda mais, como mostrei, se entendemos a tríade μέτρον, σύμμετρον, ἀληθές, que compõe o Belo no *Filebo*, vagamente como o Primeiro unificador. Seja como for, na estrutura da *Politeía* também está implícito que o Bem, de alguma maneira, é o Uno. A unidade da cidade ideal é ordenada com uniformidade tal que não poderá ocorrer nem discórdia nem perturbação. Aliás, isso também está

---

41. Aliás, na exposição que Diógenes Laércio faz sobre Alcimo, também se dá preferência à expressão ὁμοιότης, cuja origem, ligada à academia antiga, Gaiser (*Rh. Mus.* 1975) apresentou de forma convincente.

implícito na crítica aristotélica, a saber, na *Ética nicomaqueia*. Ali, certamente se pressupõe que Platão pensou o Bem como o Uno, quando Aristóteles elogia claramente os pitagóricos por colocarem o Uno apenas na linha das coisas boas, não procedendo, por conseguinte, como Platão, que punha o Uno e o Bem no mesmo patamar (*EN* 1096b$_5$). Mas não se trata, em absoluto, de um *hén* neuplatônico: a aporética do Ser e da Unidade do *Parmênides* visa muito mais à unidade dialética entre Uno e Múltiplo[42].

Voltando à introdução por nós abordada da crítica a Platão na *EE*, podemos constatar que ela se esforça em representar, da maneira menos metafórica possível, aquilo que se quer dizer com a ideia do Bem: ser Ser-Primeiro entre todo e qualquer Bem e pela presença de tudo o mais, eis, decerto, dois aspectos da metafórica de *méthexis* platônica. O Bem, logicamente, é Primeiro como princípio do número. Isso é, como vimos, uma argumentação bem platônica que Aristóteles sempre menciona usando o termo lógico συναναιρεῖν (*Top.* 141b$_{28}$, *Met.* 1059b$_{30}$). Em segundo lugar, também é presença superior (eminentemente bom) e, consequentemente, causa, através da qual todo o Bem é bom a caminho da participação. Nesse segundo aspecto, chama a atenção que o argumento do corismo (que, em vista do *Parmênides* platônico e de sua decidida refutação do corismo, lança suas

---

42. A crítica metafísica de A 6 introduz Platão como pitagórico e insere-o inteiramente na doutrina da *arkhé*, como também ocorre no Primeiro Livro da *Metafísica*. Em contrapartida, A 9 não segue esse modelo, inserindo-se, ao contrário, muito melhor na disposição da duplicata de *M*: αἰσθητά – μαθηματικά – μεγέθη – ἰδέαι – ἀριθμοί. Como os dois capítulos combinam entre si, e como a crítica ao corismo de A 9 está objetivamente relacionada à doutrina da *arkhé* de A 6, não pode ser explicado, é claro, nessa nota.

preocupações próprias[43]) é, de certo modo, deduzido aqui, mais precisamente pelo fato de a ideia do Bem ser posta em paralelo com as outras ideias. Obviamente, Aristóteles capta que o Bem, que aqui é seu objeto, não pertence exatamente à esfera das ideias de conteúdo cóisico. (No final, essa afirmação também é válida para o próprio Ser, e lembramo-nos de que as determinações mais elevadas a ele atreladas no *Sofista* somente são chamadas "gêneros" em um sentido figurado.) Nesse sentido, Aristóteles faz a seguinte afirmação sobre a ideia do Bem: καὶ γὰρ χωριστὴν εἶναι ... ὥσπερ καὶ τὰς ἄλλας ἰδέας, 1217b$_{15}$. Não obstante, esse é um argumento discutível. Pois o Bem, enquanto "para além do Ser", fora destacado por Platão da esfera das entidades. Conscientemente, Aristóteles ignora esse fato e, com veemência, põe a ideia do Bem no mesmo patamar que a hipótese geral das ideias. Com certeza, ele quer deixar cair sobre a ideia platônica do Bem (τὸ εἶναι ἰδέαν μὴ μόνον ἀγαθοῦ ἀλλὰ καὶ ἄλλου ὁτουοῦν, 1217b$_{20}$) toda a força de sua crítica geral das ideias. Em seguida, anuncia como segundo e decisivo argumento que a ideia do Bem não seria utilizável para a prática. Surpreende que, posteriormente, esse argumento seja abordado apenas de maneira breve (1218b$_{34}$). Nesse anúncio, deixa escapar uma frase estranhamente inepta: εἰ καὶ ὅτι μάλιστ' εἰσὶν αἱ ἰδέαι καὶ ἀγαθοῦ ἰδέα (1217b$_{23}$).

---

43. Vale lembrar que o *Parmênides*, que representa uma espécie de pedra angular em minha argumentação, não está sozinho. O *Sofista*, o *Filebo* e o *Político* atribuem tão pouco valor ao corismo das ideias, que se poderia até mesmo querer entender, a partir deles, um retorno da doutrina das ideias. Com isso, certamente se esbarra em dificuldades tanto com o *Filebo* quanto com o *Timeu*; além disso, ressalte-se que o enigma da crítica aristotélica das ideias fica então cada vez mais obscuro.

Ora, é verdade que, na sequência, a argumentação geral contra a doutrina das ideias não é reiterada. Mas é estranho que a própria questão especial acerca da ideia do Bem, agora abordada, passe a percorrer caminhos inteiramente lógicos. Faz-se mister perguntar-se se essas argumentações efetivamente não confirmam, de maneira involuntária, a posição especial ocupada pela ideia do Bem. Afinal de contas, simplesmente não é aplicada a ela a crítica do corismo; inversamente, dedica-se a essa questão uma aporética autônoma (1218a$_{33}$).

Em primeiro lugar, é o argumento das categorias que faz um paralelo estrito entre o Bem e o Ser: οὐδὲ τὸ ὂν ἕν τι ἐστι περὶ τὰ εἰρημένα (1217b$_{33}$). Tal argumento exclui, naturalmente, o Ser-Para-Si da ideia do Bem. Mas isso não seria demasiado para o Bem? Na consequência dessa paralelização consistiria, por certo, que também para o Ser enquanto tal (b$_{34}$) não seria possível uma ciência. É evidente que tanto a *Ética nicomaqueia* quanto a *MM* procuram evitar essa consequência. Ao usar o mesmo argumento, a *Ética nicomaqueia* fala, por esse motivo, apenas do Bem e exclui que ele seja um Geral e Uno (1096a$_{28}$: κοινόν τι καθόλου καὶ ἕν). De modo genérico, chama a atenção que o Ser-χωριστόν seja mencionado apenas uma vez, e mais como sinônimo para o κοινῇ κατηγορούμενον (1096b$_{32}$ s.). A questão de κοινὸς λόγος está em primeiro plano. A argumentação oriunda das ciências e fundamentada no argumento das categorias, que a isso se vem juntar, faz o conhecimento do Bem desaparecer totalmente nas particularizações das *tékhnai*. Com isso, na verdade, Aristóteles toca na mesma antiga dificuldade que já apontáramos em Platão, de dever compreender o conhecimento do Bem a partir do modo cognitivo da *tékhne*. É verdade que se voltará contra Platão o fato de uma das ciências do Bem ser refutada (1218a$_1$, σχολῇ αὐτό γε τὸ ἀγαθὸν θεωρῆσαι μίας = *EN* 1096a$_{30}$: ἦν ἂν μία τις ἐπιστήμη). Nos diálogos platônicos, contudo, também costumava fracassar a paralelização do conhecimento do Bem com as *tékhnai*. Aristóteles, por sua vez, não parece tão distante das intenções de Platão ao criticá-lo.

A dificuldade toma forma em relação ao segundo argumento (1218a$_{1-15}$). Aqui, o texto da *EE* pode não estar em ordem. Trata-se do fato de o Bem não poder ser Comum* e Essente-Para-Si (κοινόν καὶ χωριστόν). Mas a ilação de ideias não me parece realizável de maneira homogênea. O argumento do *proteron-hýsteron* e sua ilustração com os números são-nos conhecidos a partir da *EN*. Em tal obra, essa passagem é citada expressamente como uma doutrina platônica que não fornece nenhuma ideia dos números, uma vez que não poderia haver uma ideia do que é o número; nela, essa própria doutrina platônica é usada criticamente por Aristóteles contra a ideia do Bem. Em vista da precedência da substância perante as outras categorias, que apenas se associam a ela, o Bem, da mesma forma que os números, deveria ser excluído da hipótese de uma "ideia". O argumento: se houvesse o número em si como realmente Primeiro, então o primeiro número já não seria o primeiro, deveria valer, por analogia, para "o Bem em si".

Na *EE*, é apresentado, de modo inteiramente correto, o mesmo argumento que motivou Platão a recusar, para os números, a hipótese de uma ideia do número. "O Múltiplo" somente pode ser um Comum, e não um Essente-Para-Si. Por esse motivo, não há aqui nenhuma

---

* O termo "comum" é usado aqui e nas páginas seguintes desse texto no sentido de "pertencente à maioria, a todos os seres ou coisas", e não no sentido de "usual, habitual, ordinário". (N. do T.)

ideia. Essa foi, com certeza, a conclusão de Platão. Ora, mas como se obtém aqui um argumento contra a ideia do Bem a partir da doutrina platônica? Obviamente, faz-se necessário supor (como 1218a$_{15}$ e a$_{24}$) que o Bem aqui é pensado como o Um, portanto como Primeiro na sequência dos números ideais. Então, o argumento está certo, e só então não se carece do desvio pelas categorias. Assim como não há uma ideia dos números, também não há uma ideia do Bem em si. Sendo o primeiro número de uma sequência, o Um dos números ideais não pode ser "ideia essente-para-si". Essa é a objeção de Aristóteles.

Mas como esse argumento, assim complementado, tem uma relação com o que vem a seguir? Com o Comum de todas as virtudes? Sem dúvida, também continua a estar em jogo se um Geral deve ser considerado um Essente-Para-Si. E algo assim encontra-se, de certa forma, no texto que nos foi legado com problemas de decifração: 1218a$_9$, εἰ χωριστὸν ποιήσειε τις κοινόν. Isso é um potencial impregnado de ceticismo. Mas ele introduz outro argumento, a saber, a hipostasiação do Bem como hipostasiação do Geral de todas as virtudes. A pura indução conduz de *dikaiosýne* e *andreía* a um Ser-Bom comum. Esse é um argumento que se encontra em *MM* 1182b$_{31}$ em uma disposição logicamente clara (como o κατ' ἐπαγωγὴν κοινόν). Segundo ela, o Bem nada mais é, em primeiro lugar, que o *lógos* comum. E agora os platônicos chamam-no de "ele próprio" (αὐτό) e precisam, com tal termo, querer dizer "eterno" (ἀίδιον) e "para si" (χωριστόν). Isso parece uma conclusão a que chega Aristóteles: se "ele próprio", então "para si", e então não "comum". Pois o Comum não se atribui a um indivíduo em especial, mas a todos os indivíduos (1218a$_{15}$ = *MM* 1182b$_{13}$). Se agora refletirmos sobre tudo o que contribuiu para que o próprio Platão não tivesse em vista nenhuma outra presença do Bem, a não ser a presença do Bem em todas as coisas boas, então a conclusão do ἀίδιον para o Ser-Para-Si é, no mínimo, enganadora: ela exprime muito mais uma consequência, aos olhos de Aristóteles, inevitável, que a intenção platônica[44].

Parece-me, também, que algo semelhante pode ser afirmado em relação aos fatos ulteriores. Ali, Aristóteles critica a argumentação a partir dos números, porque, de qualquer forma, poder-se-ia concluir o Ser-Bom (Ser-Bonito) dos números a partir do que, como se deve admitir, seria, por exemplo, justiça e saúde, bem como a estrutura de ordenamento a elas peculiar, mas não o contrário. Abstraiamos a intenção crítica e contemplemos o argumento platônico em si: "o Bem" ocorre nos ordenamentos e nos números. Separadamente deles? A unidade do ordenamento é separada do próprio ordenamento? É lógico que isso não faz nenhum sentido. Também na mitologia do *Timeu*, fala-se da alma mundial que segue o ordenamento do movimento do universo, como de uma harmonia constituída em proporções puras; não se fala do Um enquanto Bem. Em nosso trecho (1218a$_{30}$), temos, todavia, a aspiração de todos os números ao Um. Ora, isso não passa de uma mera metáfora, e Aristóteles, como se sabe, toma o caminho mais fácil, ao tomar ao pé da letra essa metáfora da aspiração dos números, sentindo falta dos números na alma. Mas o que essa metáfora representa? Realmente o Ser-Para-Si do Um?

---

44. Talvez o complemento a$_{14}$, introduzido por Rassow e Susemihl, seja desnecessário. Enquanto indício aristotélico do αὐτό, ἀίδιον e χωρισμόν representam uma unidade, e o argumento visa apenas a uma incompatibilidade com o Ser-κοινόν.

Os números são unidades de Uns. Neles, o princípio de ser um é gerativo. Todos seguem o princípio de n + 1. Mas esse, certamente, é o único sentido do Ser do Um, da mesma forma que o único sentido do Um do ordenamento do mundo é ser um ordenamento. Platão consegue exprimir essa ideia dando a impressão de que o mundo estaria empenhado em se aproximar ao máximo das relações numéricas puras e teria como meta alcançar as medidas e os números puros que constituem a ordem do universo. Por certo, em razão desse movimento em sua direção, o ordenamento ideal é designado no *Timeu* como alma do mundo. Nesse sentido metafórico, pode-se entender que não apenas todos os números mas todos os Essentes aspiram ao Uno e ao Bem. Não obstante, Platão certamente não teria compreendido como objeção que cada coisa se empenhe por seu Bem, por sua própria medida, como se objeta em *EE* 1218a$_{31}$. Na linguagem mítica do *Timeu*, tem-se a impressão de que os astros móveis têm uma lei a seguir (τὸ προσταχθὲν ἔμαθεν, *Tim.* 38e$_6$). E o que mais faz Sócrates no *Filebo*, além de fazer exatamente essa pergunta? Trata-se, é lógico, da posição especial que o ser humano ocupa no reino dos seres vivos, bem como de sua faculdade da razão, com base na qual cada ser humano deve fazer "sua" boa escolha.

Nesse sentido, consiste em uma dificuldade artificial que Aristóteles ergue através da literalidade consciente de seu entendimento. São "aporias" dialéticas artificiais (1218a$_{33}$). Elas devem preparar a própria solução. "O próprio Bem", um "Bem em si", não pode haver – a não ser no sentido funcional do τέλος ou do οὗ ἕνεκα, que vem à tona como resultado no fragmento 1218b$_{20}$. Os argumentos de Aristóteles baseiam-se em ele entender literalmente as afirmações metafóricas de Platão e relacioná-las à própria conceptualidade aristotélica. No entanto, isso quer dizer: seus argumentos não alcançam as intenções de Platão.

Seguindo essa linha de raciocínio, a verdadeira questão que se põe para discussão é a seguinte: se a ideia do Bem é "o próprio Bem", isso deverá ser comum a tudo o que é bom. Mas o que significa isso? Para a argumentação aristotélica, não importa se tal interpretação da doutrina da ideia do Bem, que nada leve em consideração a não ser o κοινόν, foi defendida, por exemplo, por platônicos liberais, ou mesmo se ela corresponde à verdadeira intenção de Platão. Entretanto, para nós é importante, de qualquer modo, que a questão sobre o que é o Comum mantenha algo inelutável também para Aristóteles. Isso se confirma também pelo fato de sua própria resposta positiva (1218b$_{12}$): τὸ τέλος τῶν ἀνθρώπῳ πρακτῶν encontrar-se em um contexto que, no final das contas, menciona expressamente também οὐ πρακτά e até mesmo as ἀκίνητα (1218b$_4$ ss.). Dessa forma, é, portanto, uma espécie de afunilamento da questão do Bem ao πρακτόν que empresta à ética suas bases. Dentro da problemática "prática", a questão sobre o que é bom e, ao mesmo tempo, uno e unificador é facilmente respondida, surgindo nos três tratados com a mesma resposta: a finalidade* (τὸ οὗ ἕνεκα). Isso é sempre "o Bem" e resume o que contribui para esse objetivo, ou seja, os meios entre si. Todavia, o que é, cada vez, o Melhor para o agir humano é claramente sempre um Outro, não um Comum para todos, nem mesmo para todos os Essentes em geral. Tra-

---

* No original, H.-G. Gadamer utiliza o substantivo *Worumwillen*, que significa, literalmente, "em função de quê". (N. do T.)

ta-se aqui, pois, apenas do ἄριστον τῶν πρακτῶν. Contudo, por mais claro que isso seja, continua sendo uma questão útil como esse "praticamente Melhor" se comporta em relação ao "Melhor de Todos". Na realidade, o texto que conclui a crítica na *Ética eudemeia* termina com uma questão voltada para esse alvo: σκεπτέον, ποσαχῶς τὸ ἄριστον πάντων (1218b$_{26}$). O texto corrupto foi por mim abordado à pp. 129-30, e espero ter conseguido mostrar de modo convincente, com minha análise do contexto argumentativo, que a frase ποσαχῶς τὸ ἄριστον πάντων não deve ser desconjecturada. No πολλαχῶς do fragmento 1218b$_4$, ela encontra seu equivalente. Ali a pergunta é preparada e somente será feita, em nosso trecho, com a intenção de mostrar que o praticamente Bem, embora somente concerna a uma área mais restrita, também pode ser chamado um "Melhor de Todos". Mas isso não traz nenhuma mudança em que a pergunta mais geral fique aqui no texto como um ponto de interrogação inexecutado.

Agora, por sorte, não dependemos apenas da base inexata do texto da *EE*. Os outros dois tratados confirmam que o olhar em direção ao Geral é sempre fácil de conceber. Dirijamo-nos primeiramente à *Magna Moralia*. Aqui chama a atenção, em princípio, como a argumentação inicia-se com a questão da *areté*. Mas, em seguida, passa para a questão do *agathón*, e fica claro que desse modo se adota o questionamento platônico – mas para logo em seguida ser limitada ao "para o Bem", o único e elevado objeto da *Política*. Porém, permanece notável como o conceito do *agathón* e a multiplicidade de seu significado continuam registrados como um manual geral. Talvez isso esteja vinculado ao fato de a expressão para o tema restrito, característica para a *EE* e para a *EN*, ou seja, *prakton agathón*, não surgir, absolutamente, na *MM*. Desse modo, chega-se até a indagar-se o que a restrição ao que é "Bem para nós" realmente significa. Ela é introduzida no vago destaque perante o que é "Bem para Deus", sem despertar nenhuma repercussão ontológico-universal ou teológica. Em seguida, torna-se a fazer uma distinção dentro dessa redução ao "Bem para nós": πάλιν δὲ καὶ τοῦτο διελεῖν δεῖ (1182b$_6$). Dessa forma, aquilo a ser distinguido seria mais um duplo sentido, ou seja, por um lado, significaria o Geral (que aqui se chama τὸ κοινόν) e, por outro, seria a "ideia do Bem". São duas interpretações do "Bem". Uma quer dizer um Ser-Em no individual, a outra, a participação do individual: ἢ τὸ ἄριστον ἐν ἑκάστῳ τῶν ὄντων ἢ οὗ τἆλλα μετασχόντα (1181b$_8$). Ambos parecem ter iniciado no âmbito da política, isto é, do "Bem para nós", mas, pelo menos no caso da doutrina das ideias, irrompe-se esse âmbito e, em ambos os sentidos, refuta-se "o Bem" como insustentável.

Essa alternativa na interpretação "do Bem" nós não a encontramos nem mesmo na *EE*. Ali, ao Comum sempre é associado, de forma patente, o Ser-Para-Si. Em compensação, aqui, "o Bem" enquanto κοινὸν ἐν ἅπασιν ὑπάρχον (1182b$_{13}$) de cada indivíduo sofre uma clara separação do Ser-Para-Si, que é equiparado à ideia do Bem (χωριστὸν καὶ αὐτὸ καθ᾽ αὑτό, 1182b$_{13}$) e significa apenas a generalidade lógica do gênero. Ele é tratado de acordo com ambas as possibilidades da formação definitória e da formação indutiva do geral, para ser rejeitado de ambas as maneiras. Com certeza, o Bem, que aqui é explicado como "geral" (κοινόν; em compensação, no fragmento 1182b$_{20}$, é designado como καθόλου), e cuja definição é ὃ αὐτὸ δι᾽ αὑτὸ αἱρετόν, é compreendido sobremaneira no contexto temático da política, isto é, é entendido como o "Bem para nós". (Temos conhecimento disso como uma definição oriunda da *Rep.* II 357b e da crítica pormenorizada da *EN* [1096b$_{16}$] à ἰδέα. Ali, é entendido como o olhar estendido, comum a todos, do escolher e do preferir [μία ἰδεα], do olhar que é comum a todos os Essentes. O fato de, por um lado, serem citados pensar e ver [φρονεῖν καὶ ὁρᾶν] e, por outro, determinadas alegrias [ἡδοναί τινες, 1096b$_{17}$] combina muito bem com o *Filebo*, em que determinadas alegrias são claramente admitidas. O fato de o nosso trecho, além disso, também mencionar "honras" corresponde à antiga doutrina dos três ideais de vida e associou-se aqui a Aristóteles de forma inteiramente espontânea, onde se trata do tema política.) Na restrição consciente da questão acerca "do Bem", portanto, também não se podem levantar dúvidas na *MM*.

Da mesma forma, mantém-se a ilustração do conceito "do Bem" obtido, nesse âmbito, por meio do processo indutivo, na medida em que são as diferentes *aretai* que ali ocorrem como Bem.

Essa primeira parte da argumentação total não aponta, pois, para o contexto do *agathón* e do *ón* por nós visado. Seja como for, no resumo, dá-se um destaque marcante ao "Bem para nós", que se vê no fragmento 1183a$_7$ e, de forma ainda mais expressiva, com o seguinte clímax: ὑπὲρ τοῦ ἀγαθοῦ ἄρα, καὶ ὑπὲρ τοῦ ἀρίστου καὶ ὑπὲρ τοῦ ἡμῖν ἀρίστου, a$_{23}$. Dessa maneira, é mantido na consciência o contexto geral com "o Bem".

Na discussão do conceito de ideia e de suas implicações, isso ocorre de forma ainda mais inequívoca. Pois, evidentemente, a hipótese de um "Bem em si" é derivada da justificativa geral do pensamento de ideia, segundo o qual aquilo que é o máximo sempre significa "ele próprio" (μάλιστα ... αὐτό). Isso se encontra aplicado aqui ao "Bem", e admite-se a essa argumentação, como já se afirmou na parte introdutória, até mesmo uma certa verdade que somente deve ser refutada como não importante para a política. Como um todo, a forma dessa refutação repercute na problemática mais geral, a que se visa com a doutrina geral das ideias. Quando ali se afirma que, na área política, trata-se na verdade de uma classe de "bens", para os quais a ideia do Bem não seria nenhuma *arkhé* realmente a eles pertencente, aquela ideia, com isso, não está sendo contestada, assim como pouco se contesta a doutrina da imortalidade da alma, ao se afirmar que ela não caberia em um contexto matemático[45].

A partir da maneira das expressões extremamente genéricas, torna-se plenamente visível que aqui se trata, por todos os lados, da aplicação especial de uma problemática mais geral. Aqui, usando expressões como διὰ τὴν αὐτοῦ φύσιν αἱρετόν (1182b9), que faz referência a ἐν ἑκάστῳ τῶν ὄντων (b8), poder-se-ia entendê-lo facilmente no sentido de uma teleologia universal, como faz lembrar o fragmento 1218a30 da *EE*, em que é patente a correspondência com a doutrina de Eudóxio. Na *MM*, porém, não se seguem, propositadamente, tais perspectivas gerais, embora as formulações sejam um grande convite a tal coisa e, na crítica das ideias, encontre-se tal conceito geral quanto τὰ νοντά, que não nos leva a pensar, de antemão, na esfera prática. Muito mais, ali é óbvia a alusão aos números, mas que não são expressos no texto

---

45. No texto do fragmento 1183b7, Dirlmeier defendeu o διό com convicção. No desenvolvimento ulterior dos fatos, parece-me ser a mais simples salvação: οὐκ οἰκείαν ἀρχὴν εἶναι τούτων τἀγαθόν.

(1183a$_{24}$). O texto fala muito mais apenas de ideia. Todavia, consiste no mesmo argumento metodológico, em que os números (*EE* 1218a$_{16}$) são expressamente designados como o Bem não genericamente admitido. A equivalência mostra, pois, que a *MM*, de forma não manifesta, também aponta para além da problemática da filosofia prática.

Agora, fica ainda mais clara a problemática "ontológica" do "Bem" na *EN*. Não se pode negar que, também aqui, a inutilidade "prática" da ideia "do Bem" é o argumento principal em que tudo culmina: 1096b$_{33}$ ss. Todavia, mais uma vez, a própria refutação inclui o reconhecimento da questão. Os termos são exatamente os seguintes: εἰ γὰρ καὶ ἔστιν ἕν τι τὸ κοινῇ κατηγορούμενον ἀγαθὸν ἢ χωριστὸν αὐτὸ καθαυτό. Todos os argumentos lógicos contra o Bem comum 'κατὰ μίαν ἰδέαν' (1096b$_{25}$), tanto o argumento das categorias quanto o argumento mais aprofundado nas distinções platônicas do καθ' αὐτὸ αἱρετόν (1098b$_9$), encerram, de certo modo, um número desagradavelmente grande de provas. Ora, seguindo essa linha de pensamento, não se poderia conceber que "bom" fosse uma pura "ambiguidade", um mero acaso de uma mesma palavra empregada para algo inteiramente diferente. Desse modo, pode-se afirmar que Aristóteles cai em seus próprios braços. Embora ele, também aqui, faça referência a um aprofundamento no problema do Comum no uso da palavra "bom" partindo da ética, ele acaba evocando duas respostas possíveis. Uma das respostas é: o sentido comum reivindicado para o termo "bom" poderia ser pensado como derivado de "a partir de Um", ou então, de forma tal que tudo (nomeadamente: que é bom) "contribui" (συντελεῖν) para Um. Mesmo que a expressão não coincida inteiramente, não pode haver nenhuma dúvida de que, com ela, Aristóteles alude à estrutura lógica desenvolvida como introdução na *Metafísica* Gama 2 e posteriormente chamada de "analogia de atribuição". A multiplicidade do sentido de "Bem" não significa apenas que os meios são bons, se o fim for bom, como poderia dar a entender o termo συντελεῖν. Decerto, a expressão deve ser entendida no sentido lato, por assim dizer, como "contribuindo para um campo de significado comum". Este πρὸς ἕν corresponde, portanto, totalmente ao ἀφ' ἑνός. Dessa forma, na *Metafísica* Γ 2 se diz πρὸς ἕν ou πρὸς μίαν ἀρχήν[46], e dá-se o exemplo "saudável", que pode ser atribuído ao ser humano, à cor de sua face, a um medicamento etc. A palavra "bom" também poderia, desse modo, denotar vários sentidos. Isso pressuporia um Primeiro preferido, assim como é dado na doutrina aristotélica das categorias através da primazia da "substância". Em vista da importância que a priorização da substância possui para a metafísica aristotélica, e principalmente no tocante à teologia do primeiro impulsionador, o qual, no âmbito da ordem das substâncias, mais uma vez é o Primeiro, quero esperar que Aristóteles, ao querer entender a multiplicidade do ἀγαθόν, também aqui dá prioridade a uma tal relação atributiva (*Analogia attributiva*). O Deus ou *noûs* – ambos surgem como exemplo de "substância" no argumento das categorias 1096a$_{24}$ – seria então o *summum bonum*, que forma o termo da atribuição. O sentido universal-ontológico "do" Bem combinaria da melhor maneira com a doutrina divina aristotélica. A conclusão "teológica" da *EE* também daria margem à mesma expectativa[47].

---

46. Ressaltando-se que o πρὸς ἕν é designado como um caso especial do καθ' ἕν λέγεσθαι.

47. *MM* 1182b$_9$ simplesmente designa a questão acerca do Bem do Deus como ἀλλοτρία σκέψις.

Ora, o mais surpreendente é que o texto continue com as palavras "ou mais de acordo com a analogia" (ἢ μᾶλλον κατ' ἀναλογίαν, 1096b$_{28}$), deixando evidente com um exemplo que se está falando, com isso, da pura mesmidade das relações, ou seja, de uma analogia proporcional, em que não importa nenhuma priorização de uma coisa diante da outra e em que, por conseguinte, não é dado nenhum "termo".

Esse conceito de analogia nós também o conhecemos da *Metafísica* de Aristóteles a partir de outros contextos. Para Aristóteles, apenas isso se chama analogia, à diferença da tradição tardia, notadamente a Escolástica, que se encontra resumida no célebre tratado de Caietano *De nominum analogia*. É óbvio que Aristóteles, em nosso trecho, não entra em muitos pormenores a respeito dessa questão de cunho genérico. Toda a questão acerca do sentido comum de "bom" pertence à metafísica, não fazendo parte, absolutamente, da filosofia prática. Ainda é mais surpreendente que, apesar de tudo, na *Ética nicomaqueia* menciona-se, preferencialmente, a pura igualdade proporcional. Não teria ficado muito mais claro dar a preferência à outra possibilidade, à relação atributiva, e com isso satisfazer à vaga questão acerca de um Bem supremo, o ἄριστον πάντων, como parecia visar a *EE* 1218b$_{26}$?

Ora, é certo que, também em outras passagens, sempre voltamos a ver Aristóteles não totalmente decidido sobre como o cuidado descritivo-analítico que o guia com frequência o impede de se submeter às suas intenções construtivas – ou mesmo a seus intérpretes. Isso vale, como já lembrei acima, a pp. 131-2, até para a metafísica – quanto mais para os contextos situados entre filosofia teórica e prática, bem como, no âmbito da filosofia prática, para a relação entre o ideal de vida político e o teórico ou ainda para a relação entre ciência política e "-racionalidade" política, sobre o que ainda entraremos em pormenores. Às vezes, dá-me a impressão de que Aristóteles prefere a estrutura da analogia, por ela corresponder, de modo especial, à sua atenção descritiva. Mesmo em contextos teóricos, ele tende a um modo de raciocínio analógico. Por certo, isso lhe permite evitar a hipostasiação do Geral ou do Comum. Dessa maneira, o ἄλλο ἄλλου é uma espécie de bordão antiplatônico. Pense-se no Livro Lambda da *Metafísica*, em que Aristóteles, em longas passagens, aborda o caráter puramente analógico das "causas" (Caps. 3 e 4) e delimita o Todo contra a derivação construtiva a partir de um Primeiro, de modo que tem um efeito um tanto surpreendente o fato de, no final, a priorização do primeiro impulsionador, apesar de tudo, vir à tona. Ao preferir, enfaticamente, a pura igualdade analógica na *EN*, tem-se a impressão de que ele a acha suficiente para formular conceitualmente a ordem teleológica mundial por inteiro, este programa do *Fédon*, que, de certa forma, também é o seu. De forma semelhante, em Platão, as três grandes esferas da ordem – Alma, Estado e Mundo – apresentam-se em sua analogia, e o Bem nelas surge como o Unificador, Unificante, Uno. Nesse aspecto, Aristóteles, sem dúvida, compartilhava com Platão uma mesma visão de mundo. Embora sua própria "ciência" do Todo seja erguida na outra base bem distinta de sua "física", e não em um conceito "do Bem" de natureza matemática e harmoniosa, ele simplesmente não pode ignorar o problema platônico enquanto tal. Em nosso trecho da *EN*, ressoa o seguinte: como é possível pensar "o Bem" como o Comum? Talvez como o "Ser", que ocorre em múltipla diferenciação categorial e, contudo, forma, como nos é conhecido, o objeto de uma ciência mais elevada? Na verdade, é no contexto da Primeira Filosofia que Aristóteles põe em jogo a "analogia pura". Já foi mencionado o trecho *Met.* Λ 3-4, e o H 4 também está incluso; caso não se queira ignorar aí a expressão antiplatônica, então isso permanecerá, por certo, uma resposta ao problema platônico do Bem e do Ser. Salta aos olhos com que intensidade a problemática platônica da dialética geral do Ser, principalmente a do *Sofista* e a do *Parmênides*, transluz-se em algumas partes da metafísica de Aristóteles, como ocorre no Livro das Aporias de Beta e no Livro Gama. Ao vermos como ali se indaga acerca do *Sein*, e como o *agathón* acontece na *Politeía* de Platão, no *Filebo* e, indiretamente, também no *Timeu*, então a identidade do problema salta aos olhos, e a ideia da analogia se oferece. O que Aristóteles recusava na filosofia platônica não era a estrutura ordenada do Todo enquanto tal, mas a sua derivação a partir do *hén* e do primado ontológico que, nesse caso, cabia à matemática.

Essa matematização, que reproduziria um mundo erguido sobre analogias, foi-lhe representada sobretudo por Espeusipo. Mas, naturalmente, a doutrina platônica dos números e da unidade está por trás disso. Pois não existe apenas o relato aristotélico na *Met.* A 6 sobre os dois princípios do Um e do Dois indeterminado, a partir dos quais se deriva todo Essente em geral, assim como ocorre com todos os números. O mesmo afirma a doutrina de *péras* e *ápeiron*, trazida pelo *Filebo*; e essa combinação do relato de Aristóteles com o *Filebo* conta com o apoio do já supramencionado testemunho de Porfírio, segundo o qual a lição de Platão sobre o Bem, da qual, ao que parece, Porfírio dispunha de uma versão original, só seria compreensível a partir do *Filebo*. O fato de que a estrutura do número seria a estrutura do Ser representa para Aristóteles um ponto crítico em que, para ele, Platão ficara demasiadamente pitagórico.

Mas isso não significa que o próprio Aristóteles, por seu turno, não teve de enfrentar a questão "metafísica" acerca "do Bem" e "do Melhor". Em Aristóteles, essa questão está, muito mais, sempre coimplícita na questão acerca do Ser. Ainda no final de seu grande panorama sobre o Todo, que se encontra no Livro Lambda, ele formula, à guisa de alternativa, como a natureza do Todo realmente contém o Bem e o Melhor, se na forma de um melhor Essente ou na ordem do Todo. A essa altura, já não consegue se esquivar da consequência que reside no primado ontológico da física e dos φύσει ὄντα. Ao que parece, Aristóteles interessa-se pela ordem uniforme do movimento do universo, que ele defende contra teorias matemáticas harmônicas no estilo pitagórico de Espeusipo. Em outros termos: interessa-lhe o *status* prioritário da física perante a matemática, o qual também aparece por trás de sua célebre reprimenda à academia, segundo a qual ali teriam simplesmente transformado a filosofia em matemática. Nesse sentido, na *EN*, alude polemicamente ao pitagorismo de Espeusipo, e, na *Metafísica* Lambda 10, rechaça uma estrutura analógica pura do universo numa contenda aberta contra Espeusipo com a famosa frase de Homero: "Alguém deverá ser o soberano" (1076a$_4$). Com isso, ele opta contra uma simples ordem e por um Bem essente-para-si (κεχωρισμένον τι ἀγαθόν), ainda que certamente não queira contestar o Ser-Bom de toda ordem. A seus olhos, porém, o Primeiro que ele postula não pode ser nada matemático, portanto não pode ser o Um; ao contrário, urge que seja um impulsionador: ὡς τὸ κινοῦν ποιεῖ. Se tudo for ordenado visando a esse Primeiro, isso realmente é o "Melhor de tudo" (τὸ ἄριστον πάντων) e, enquanto Essente supremo, é concomitantemente a realização do sentido de Ser. Desse modo, Aristóteles põe no solo da física o legado platônico que é representado pela questão acerca "do Bem", desenvolvendo, a partir daí, sua doutrina do Ser na forma de um conceito de analogia que possui um termo superior. A "pura" analogia não o faz. Ela ficaria muito próxima da matemática "platônica" das ideias. Um resultado paradoxal: não é o corismo de Platão que continua a viver na "teologia" aristotélica. Contrariamente, a ontologia dos φύσει ὄντα e o Todo do Movimento que elas são obrigam Aristóteles a um corismo que excede a interpretação matematizadora que Platão faz da transcendência do Bem.

V. A IDEIA DA "FILOSOFIA PRÁTICA"

De forma mais premente, indaga-se por que Aristóteles, em *EN* A 4, apesar de tudo, dá prioridade à mera estrutura analógica para a questão em torno do Bem. O motivo que aqui de pronto se oferece poderia ser que não lhe seria bem-vinda a consequência que residiria na completa paralelização com o πρὸς ἓν λέγεσθαι. Afinal de contas, tal proporcionalidade atributiva vem fundamentar, na *Met*. Γ, justamente a competência de uma mesma ciência para todo um campo de significados de Ser. Isso ocorre no caso da medicina: καθάπερ καὶ τῶν ὑγιεινῶν ἁπ´ ατων μία ἐπιστήμη ἔστιν (*Met*. 1003b₁₁). Onde tudo flui conjuntamente para um mesmo fim, pode-se imaginar uma ciência uniforme. Dessa maneira, certamente será preciso pensar, de acordo com esse esquema, o programa de uma ontologia formal elaborado no Livro Gama, ainda que, por outro lado, permaneça obscuro o contexto que envolve os livros sobre a substância e com a teologia do Livro Lambda. Em todo caso, o argumento da analogia "atributiva" faz um bom sentido em relação à primeira ciência buscada do "Ser enquanto tal". No caso da questão prática acerca "do Bem", tal pretensão não teria sentido. Como se fosse tarefa da mesma ciência, reconhecer o bom momento para uma intervenção cirúrgica ou saber o bom sinal que, no céu crepuscular, prenuncia tempo bom. Um dos assuntos concerne à ciência médica, o outro, à ciência meteorológica etc. Vê-se, pois, um bom motivo no fato de Aristóteles, aqui, dar prioridade à analogia pura.

Para a filosofia prática, uma ciência do "Bem em geral" que corresponda ao esquema da medicina, como convém à ciência do Ser em geral, não tem nenhuma importância. A paralelização com o conhecimento do Ser enquanto tal não é conveniente, enquanto se trata unicamente da estrutura da prática humana e do conhecimento "prático". Seja como conhecimento técnico, seja como conhecimento político-prático, o Bem permanece restrito à prática humana. A razão "prática" é totalmente dissociada de uma teleologia universal. Para o isolamento da filosofia prática por Aristóteles, o ponto decisivo consiste em que aquilo que ocorre como "bem", do ponto de vista teórico, e que significa a imutabilidade do Ser, é algo distinto do Oportuno, a que está voltada a racionalidade prática do ser humano. Essa diferença fundamental que Aristóteles faz entre o conhecimento teórico e o conhecimento prático também tem suas consequências na esfera da teoria filosófica, que caracterizaríamos como de cunho teórico-científico. Trata-se da questão sobre que caráter metodológico possui a filosofia prática em Aristóteles. É incontestável que a própria "filosofia prática" não é um conhecimento em torno do Oportuno em uma situação dada (mesmo que possa revelar um conhecimento sobre o Oportuno de que o mestre, em instrução teórica sobre filosofia prática, distancia-se dos questionamentos ontológicos universais). Em todo caso, filosofia prática tem o caráter de teoria. Pode chamar-se ἐπιστήμη, τέχνη, μέθοδος, πραγματεία e até mesmo θεωρία, mas não *phrónesis* no sentido terminológico. Indaga-se, todavia, se filosofia prática, da mesma maneira que qualquer outra ciência ou *tékhne* e no mesmo sentido, é ensinável. As circunstâncias se tornam ainda mais complexas ao vermos que Aristóteles contesta toda e qualquer utilidade prática à ideia platônica do Bem, mas para sua própria teoria da filosofia prática faz tal afirmação de maneira decidida. Ele reivindica de forma patente que se fomente a própria *areté* por meio dessa instrução teórica. Isso é enfatizado nas três versões de sua *Ética*, bem como é o motivo pelo qual se pode ver um problema no modo como a filosofia prática se comporta em relação à *phrónesis*.

Em tempos recentes, essa questão tem sido analisada com frequência. Mas ela, com certeza, somente terá uma aparência paradoxal caso se tenha um entendimento modernístico do "teórico", da maneira como é derivado da ideia de ciência da Idade Moderna. Se assim for, a situação parecerá, contudo, esquisita. Nesse sentido moderno, a filosofia prática, por certo, não é simplesmente uma ciência teórica a ser aplicada à prática, da mesma maneira como são aplicadas as ciências naturais à ciência médica. Ao invés disso, a filosofia prática assemelha-se muito mais à ciência terapêutica, e é por esse motivo que o próprio Aristóteles, com frequência, recorre à medicina terapêutica como meio de cotejo. Seja como for, entre a teoria transmitida por Aristóteles em uma pragmática ética dessa estirpe e a prática vivenciada, não existe uma tal distância que permita falar da aplicação da teoria à prática. O ideal de uma teoria que seja neutra graças à sua objetividade perante todos os interesses de aplicação prática e, por conseguinte, permita toda e qualquer aplicação não é nem platônico nem aristotélico. Na programação científica da *Rep.* VII de Platão, vimos quão secundária é, a seus olhos, a aplicação das ciências matemáticas. A isso, equivale, em Aristóteles, o extremo oposto. No campo da filosofia prática, ele evita claramente a introdução de critérios puramente teóricos. Isso vale também para sua *Política* e em especial para sua grande antologia de constituições de Estados, por ele organizada. Ele é totalmente cônscio de que o uso racional que se deve fazer desses modelos constitucionais representa um problema político-prático – da mesma forma que também ocorre, em outras situações, com a aplicação de conhecimento geral teórico. (Isso é mostrado com pormenores na *EN* K 10, mas também está implícito em *EN* Z 8.)

Desse modo, não é carência teórica dessa ética que põe à mostra a fortuitidade da ideia grega de *pólis*, e que, ao fortuito, somente são contrapostos aqueles juízos normativos que são sustentados pelo consentimento óbvio de todos. É revelador que a escravidão enquanto instituição natural simplesmente seja tolerada. Por esse motivo, a construção normativa platônica de uma cidade ideal aproxima-se bem mais do conceito moderno de teoria; e, como é de nosso conhecimento, ele rechaça veementemente a escravidão. Eis uma contradição metodológica que a crítica aristotélica, repetidas vezes, exprime. Na filosofia prática, não se trata de uma ideia do Bem ou da *pólis* da perfeita justiça, mesmo que Aristóteles não desdenhe a ideia de um modelo de Estado ideal em sua *Política*. De qualquer maneira, importa, para ele, o Oportuno. Desse modo, a verdadeira *arkhé*, como chega a afirmar com espantoso radicalismo, é o "que"* (τὸ ὅτι *EN* 1095b$_6$, 1098b$_2$). Com

---

* O "que" a que se refere Gadamer é a conjunção integrante "que" (em alemão, *dass*). (N. do T.)

isso, quer dizer o seguinte: deve-se partir da própria prática e da consciência nela viva daquilo que é "bom" (ὁμολογούμενον). Nesse sentido, Aristóteles reivindica para si e usa criticamente contra Platão o fato de este apenas usar argumentos e princípios pertencentes à coisa (*EE* 1217a$_{10}$ e, de forma semelhante, *MM* 1183b$_1$). Em seu modo de ver, é uma argumentação estranha à coisa partir do Bem enquanto conceito de harmonia matemática, ao se querer operar filosofia prática. Se ele próprio faz afirmações teóricas sobre o Bem prático, como o faz incontestavelmente em seu pragmatismo, então essas não deverão ser levantadas de alhures, mas obtidas do campo de experiências da própria esfera prática. Nessa medida, elas se baseariam em um princípio próprio da coisa (οἰκεία ἀρχή).

As afirmações que o próprio Aristóteles faz em sua filosofia prática são simplesmente gerais, e, nesse sentido, todas naturalmente têm um caráter teórico. A intenção não é, em absoluto, que elas sejam aplicadas ao caso prático do Oportuno, como costuma ocorrer no processo de fabricação de outras regras técnicas. O Oportuno pelo qual se opta em função de reflexão racional prática simplesmente não é o caso de regras. Assim, a estrutura geral da *areté* elaborada por Aristóteles de ser o meio entre dois extremos não é uma regra aplicável. Não é o sentido de sua doutrina ater-se ao justo meio entre dois extremos, mas sim ser consciente daquilo que realmente se faz, caso se faça o Justo. Aí, sobremaneira, podem-se sempre reconhecer extremos sobre cuja refutação exista claro consenso, ao passo que se saiba que "o Justo", enquanto tal, não possui nenhuma determinação a ser indicada.

Apesar disso, Aristóteles insiste em que a doutrina teórica que ele profere como filosofia prática deveria ser a prática do proveito. Para tanto, emprega a seguinte imagem (*EN* 1094a$_{23}$): que seja assim, como é útil para o arqueiro que visa a um determinado ponto no alvo almejado. Acertará melhor o alvo. Ou seja: manter-se-á melhor a direção do alvo visado se, em vez de fixar o olhar em um objeto maior, for possível mirar exatamente um ponto específico[48]. Aristóteles emprega essa magnífica metáfora para afirmar: a instrução teórica que se pode transmitir na filosofia prática não disponibiliza, na verdade, nenhuma regra a ser seguida, de forma que se alcança o Correto conforme a arte tecnicamente correta. Fixar o olhar no alvo não representa, em absoluto, toda a arte do arqueiro. É necessário já se ter aprendido a lidar com o arco, tal como também aquele que quiser tirar algum ganho da filosofia prática precisará estar preparado da maneira correta. A filosofia prática pode prestar-se, então, à tomada de decisões e ao olhar prático concreto, na medida em que ela torne conhecível para onde se deve olhar e a que se deve prestar atenção. Decerto, a metáfora exprime que não se pode referir-se às generalidades da filosofia prática como a uma regra.

Na verdade, Aristóteles representa o exercício prático da razão inteiramente apoiado na lógica do silogismo teórico da apodítica. Mas aqui são necessárias distinções precisas. É certo que toda e qualquer conclusão sensata a que se chega é reproduzível no formalismo silogístico. Tam-

---

48. Em Platão, a palavra σκοπός ocorre como termo que expressa aquilo a que se visa como alvo (στοχάζεσθαι), na *Rep.* 519c, no *Górgias* 507d etc. e, com frequência, em Aristóteles, mas nenhures como indicação direta ao arqueiro. Não obstante, essa origem semântica é evocada pelo menos uma vez, nomeadamente em *EN* Z 1, 1138b$_{92}$, onde certamente se deverá relacionar o tensionamento ou o relaxamento com o arco, e não com a corda. O campo semântico, aliás, é o mesmo. Cf. Heráclito, Fragmento 51.

bém é evidente que, no espaço da prática, a conclusão não é uma sentença, mas uma resolução. Não obstante, é surpreendente que Aristóteles, ao analisar logicamente tal exercício prático da razão, não chega a usar, como ilustração, verdadeiras decisões prático-morais, mas pragmático-técnicas. Na esfera técnica, não se trata de outra coisa a não ser da correta seleção de meios para objetivos predeterminados. Mas, aí, a subsunção do Especial sob o geral atinge o núcleo da coisa e, por conseguinte, está dada a equivalência estrutural da *apódeixis*. Todavia, não se deveria deixar de ver que a resolução moral não corresponde inteiramente a esse esquema. Afinal de contas, no âmbito da prática, o ater-se ao "princípio", por exemplo, a determinada *areté*, não é uma mera prestação lógica. Racionalidade prática não se revela apenas no saber encontrar os meios justos, mas também no ater-se aos objetivos justos. Isso serve de base à delimitação daquilo que Aristóteles designa como φρόνιμος, em oposição ao δεινός (*EN* Z_{13}). Vê-se nisso quão consciente Aristóteles é acerca da distinção entre conhecimento técnico e conhecimento prático-moral, e nós procuramos mostrar que, com isso, ele continuava a seguir um motivo platônico genuíno. Por último, isso também não se expressa pelo fato de ele aqui não oferecer nenhuma possibilidade de ensino, como existe no caso da ciência e do conhecimento técnico. A tarefa hermenêutica geral, com seus efeitos em todas as partes, ou seja, a concretização de conhecimento geral, sempre inclui aqui, muito mais, a tarefa oposta de generalizar o concreto.

Saber alcançar o Correto não pode ser promessa de filosofia prática enquanto tal. Isso continua sendo a tarefa da própria prática e da virtude da racionalidade prática, que não é, portanto, mera engenhosidade. Isso tem suas consequências teórico-científicas. O cotejo com o arqueiro está na introdução do curso inteiro sobre filosofia ou política prática. Ali, elabora-se primeiramente a posição de liderança ocupada pela política. Ela é a ciência ou arte mais elevada (κυριωτάτη καὶ μάλιστα ἀρχιτεκτονική, 1094a$_{26}$). À primeira vista, essa reflexão teórico-científica parece não se harmonizar muito bem com a análise ulterior da *"phrónesis"* e menos ainda com as afirmações sobre a *"phrónesis* política"*. Desde Burnet, apontou-se como responsável por isso a adaptação à linguagem platônica. Do ponto de vista meramente exterior, isso com certeza é correto. Mas Aristóteles não era totalmente incapaz de falar de outro modo. Pois já pudemos ver que, na filosofia prática, estamos lidando com filosofia, ou seja, com teoria. Na verdade, seu objeto e, consequentemente, sua última destinação consistem na prática. Mas isso apenas significa que seu método tem de se subordinar à lei de seu objeto, e isso também inclui que sua pretensão cognitiva é determinada e devidamente limitada a partir daí. Para a prática humana, o que Aristóteles chama de *éthos* tem importância fundamental. Quem não consegue dominar suas emoções não está em condições de dar ouvidos ao *lógos*. Principalmente ao terminar sua preleção, Aristóteles volta a exortar isso, o que nos permite enxergar sua plena consciência da consequência teórico-científica conveniente a essa estrutura especial de prática. Com certeza, é um pré-requisito especial para a recepção de instrução em filosofia prática que o aprendiz não incorra em mal-entendido técnico, como se tal doutrina pudesse subtrair a alguém a autorresponsabilidade prática. Nenhures se pode encontrar essa afirmação em termos inequívocos, mas no momento em que Aristóteles prepara a transição para a *Política*, isto é, no final, torna-se indiretamente palpável essa consequência teórico-científica, que tem por base o conceito da filosofia prática. Ali, os teóricos políticos que, como sofistas, querem reivindicar autoridade em assuntos constitucionais e legislativos, sem estarem, eles mesmos, na vida política, são rechaçados de maneira expressa. Por outro lado, a esse fato equivale a própria pretensão da filosofia prática de Aristóteles e a insistência do Estagirita em que o aprendiz já devesse trazer consigo a justa preparação.

Far-se-ia mister uma análise apropriada para determinar com maior precisão o *lócus* teórico-científico da *Política* aristotélica. No tratado homônimo, não encontramos nenhuma reflexão metodológica especial, certamente porque o início da *Ética nicomaqueia* é pensado como a introdução metodológica geral à totalidade da *Política*. A parte final da *Ética nicomaqueia*, que serve de transição para a *Política*, retoma essa temática de forma patente. É certo que o tratado que se nos conservou não está muito bem conectado a essa transição. Por esse motivo, quer-se indagar até que ponto esse tratado sobre a *pólis* não se encontra, por seu turno, sujeito a determinadas condições especiais de seu próprio campo de objeto, que não são as condições gerais da filosofia prática enquanto tal. Pois está claro que esse tratado político gira em torno de legislação. Mas a arte de legislar é muito diferente de tudo o mais que é a resolução política e judiciária confrontada com casos concretos. No fragmento *EN* 1141b, faz-se uma distinção clara entre a arte de legislar e as outras aplicações da razão política. Uma observação metodológica resultante disso seria, por exemplo, que não se podem alterar leis existentes em favor de melhores leis, se não se calcular também que toda alteração de leis é algo ruim, na medida em que ela enfraquece, necessariamente, a autoridade da lei em geral (*Pol.* 1269a$_{12}$ ss.)

Aqui não é o lugar para aprofundarmos a importância teórico-científica que possui a reflexão de Aristóteles sobre o método da filosofia prática com vistas à situação-problema atual. A separação aristotélica entre "filosofia prática" e "filosofia teórica" comprovou sua força tradicionalizadora – ainda mais nos últimos séculos, em que ela foi confrontada com a ideia das ciências empíricas modernas. É verdade que ela, na consciência metodológica da ciência moderna, não pôde mais reclamar um verdadeiro lugar para si, se abstrairmos o fraco rebrilho da tradição retórica que foi mais uma vez jurada, por exemplo, por Vico. Todavia, a verdadeira expansão das ciências histórico-filológicas no cosmo das ciências modernas provou que essa tradição não está morta. A importância das chamadas ciências do espírito para as relações de vida morais, políticas e sociais do ser humano apresenta-se de modo convincente ao pensarmos na quota-parte do Mundividencial, do Ideológico e dos conceitos de valores humanos com validade permanente. Quero lembrar, por exemplo, apenas a contribuição que as ciências históricas prestaram e ainda hoje prestam na busca da identidade do Estado nacional moderno – sem falar na tradição da própria filosofia prática. É um fato notável que a ética filosófica quase nunca renunciou à pretensão de intervir normativamente na vida realmente vivida. Nessa medida, Aristóteles continua vivo. Uma última imbricação entre o movimento reflexivo teórico e o prático da razão humana parece indissolúvel. Apenas se ambicionarmos, juntamente com Aristóteles, manter fora do campo prático a ideia da construção teórica e do método científico, e apenas se reconhecermos que a relação entre discernimento teórico e aplicação prática não se encontra tão facilmente quanto nos campos de aplicação técnica, é que poderemos fazer jus a esse contexto.

A representação mais clara desse tema primeiramente avaliado por Aristóteles parece-me encontrar-se na fundamentação da filosofia moral de Kant. Quando Kant, no final do primeiro capítulo da chamada *Fundamentação da metafísica dos costumes*, aborda a transição do conhecimento moral comum da razão para o conhecimento filosófico da razão, ele parte da averiguação convincente de que tem efeito, na natureza humana enquanto tal, uma propensão a escapar através de uma espécie de dialética à evidência moral, que se lhe expressa, por exemplo, na consciência do dever. Kant designa isso como a tendência a sofismar, a qual faz necessária, ou melhor, no fundo sempre acaba realizando a transição para a filosofia da moral. É óbvio que, ao fazer uma separação entre o imperativo prático-moral e os imperativos técnicos da racionalidade, Kant segue, em sua própria filosofia moral, a visão fundamental da filosofia platônico-aristotélica. Além disso, sua representação da transição do conhecimento comum para o filosófico, como me parece, tem uma validade universal. A filosofia nunca se encontra na real necessidade de provar a justificativa de sua existência, uma vez que até mesmo quem a contesta está incluído no movimento reflexivo que se chama filosofia[49].

---

49. A linguagem empregada reflete isso de forma que não se deveria entender como eco platônico, por exemplo, no fragmento *EN* K 7: εἴτε δὴ νοῦς τοῦτο εἴτε ἄλλο τι, ὃ δὴ κατὰ φύσιν δοκεῖ ἄρχειν καὶ ἡγεῖσθαι καὶ ἔννοιαν ἔχειν περὶ καλῶν καὶ θείων. Aqui parece absolutamente artificial querer fazer uma distinção entre exercício racional teórico e prático. E se é feita uma distinção entre ambos no *Protréptico* (Walzer Frag. 6), e se, em dois momentos distintos, são abordadas a *diánoia* prática e a *theoría* voltada para a *alétheia*, acabam sendo designadas com as mesmas palavras e ambas destacadas em conjunto contra todo conhecimento "poiético".

Retornemos a Aristóteles; assim encontraremos, em algumas fissuras e rachaduras existentes no conjunto de seus ensinamentos, a imbricação descrita. Temos aí, por exemplo, o fato de, segundo Aristóteles, a mesma maior possibilidade do Ser-Cônscio, que os gregos chamavam de *noûs*, ser atribuída ao conhecimento teórico realizado em completa autorrealização, a *sophía*, mas igualmente à razão prática que é cônscia de si como *phrónesis* da lisura de sua escolha e de sua decisão. A confrontação decidida entre o conhecimento teórico e o conhecimento prático, e, consequentemente, também entre a virtude teórica e a virtude prática do conhecimento, não abala a unidade da razão, que mantém a liderança em ambas as direções.

A concepção aristotélica de uma "filosofia prática" é obviamente a consequência de sua crítica à ideia platônica do Bem que aqui abordamos. No entanto, a separação entre a filosofia prática e a teórica não significa uma falta de contexto e homogeneidade temática. É muito mais um cuidado metodológico-argumentativo que faz Aristóteles proibir-se toda e qualquer incursão em contextos mais universais. Não se quer aqui afirmar que não transpareça, em muitos lugares, um pano de fundo teórico-universal dessa estirpe. Em sua argumentação, porém, ele só faz uso disso até o ponto em que tal pano de fundo seja resultado direto das circunstâncias genericamente reconhecidas, que compõem uma base metodológica também para a filosofia teórica.

No contexto da metafísica, Aristóteles naturalmente não chega a abordar a filosofia prática. Todavia, na medida em que o mundo da prática humana possui seu *lócus* na totalidade do Essente, a esfera da prática e da *poíesis* humanas, como um todo, está ordenada no reino da natureza. Não apenas a arte imita a natureza. Também a prática humana o faz, contanto que esteja voltada apenas para a mais elevada satisfação do próprio Ser Humano. Não obstante, vê-se, nesse processo, que ela ao mesmo tempo aponta para além de si mesma, e, assim, também Aristóteles vê-se obrigado, obedecendo a essa necessidade, a dar prioridade ao ideal teórico de vida em detrimento da prática e da política.

No seio da filosofia prática, isso sobressai também nas implicações ontológicas da conceptualidade aristotélica que não pode ser pormenorizada aqui. Seja lembrado pelo menos o seguinte: o exemplo do Sempre-Essente, do Divino ou dos astros, permanece sendo o último ponto de orientação, ao se abordar a natureza prática do ser humano. Dessa forma, ocasionalmente, afirma-se que a natureza humana, em si, não seria fácil (*EN* 1154b$_{21}$) ou que seria "heterogênea" (*EN* 1177b$_{28}$). Ela não é da pura inteligência de seres vivos divinos. Mesmo assim, o *noûs*, o *lógos*, é o mais importante em nós a ser, antes de mais nada, desenvolvido.

Além disso, o ser humano está sujeito a suas pulsões e a suas emoções (πάθη) que ameaçam subjugá-lo. Contudo, é característica da essência da prática humana que o ser humano não se deixe simplesmente dominar pelas forças das pulsões, mas que seja capaz de desenvolver em si uma espécie de conduta permanente (*héxis*) que lhe permita obedecer à sua razão, ao *lógos*. Também isso é natureza sua. Isso é enfatizado expressamente por Aristóteles, quando destaca o campo da prática e do *éthos*, que se desenvolve a partir de habituação e hábito, destacando-o como o campo realmente humano perante tudo o que é da natureza (πεφυκόσιν ἡμῖν, *EN* 1103a$_{25}$). Assim, em muitos trechos, poder-se-ia mostrar o âmbito teleológico em que permanece inserido o Todo do mundo prático. Sem dúvida, também para Aristóteles, a estrutura da ordem que se atribui a esse Todo poderia ser pensada sob a perspectiva do Bem. Isso já vem à tona quando ele sente falta da causa teleológica em todos os seus predecessores. Juntamente com a doutrina do *eîdos*, ela representa sua herança platônica. Desse modo, ele certamente pode designá-la também como a "causa do 'bem'" (*Met*. 984b$_{11}$) ou simplesmente como o οὗ ἕνεκα καὶ τἀγαθόν (!) (*Met*. 983a$_{31}$); pode, portanto, utilizar a palavra platônica.

Nisso não se deveria ver um resquício de platonismo e muito menos fundamentar datações a partir daí. Muito mais, esse uso da linguagem é testemunho, também nesses casos, do compartilhamento de um problema comum com Platão.

O testemunho mais forte desse compartilhamento reside, porém, na maneira como Aristóteles constata o ideal teórico de vida. Naturalmente, isso se expressa sobremaneira na construção da *Primeira Filosofia*, especialmente na chamada teologia. Mas a aula sobre a filosofia prática termina com uma discussão acerca da relação entre o ideal de vida teórico e o ideal de vida prático. A prioridade da teoria está fundamentada na superioridade ontológica de seus objetos: o Sempre-Essente. Diferentemente, o mundo da prática pertence ao Ser, que também pode se comportar de outra maneira. Por esse motivo, o conhecimento sobre o que deve ser feito de maneira prática tem de ser relegado a um segundo plano em relação ao conhecimento teórico. Apesar de tudo, ambas as condutas do conhecimento e da razão são algo superior. Tanto a racionalidade teórica, a *sophía*, quanto a racionalidade prática, a *phrónesis*, são melhoridades[50] (*aretai*). Nelas

---

50. Esta palavra inexistente (em alemão: *Bestheit* = melhoridade), que aqui alcança, melhor do que qualquer outro termo, o alvo decisivo

se realiza o Supremo no ser humano, que Aristóteles costuma designar como *noûs* ou também como o Divino[51].

Nessa doutrina paradoxal que afirma subordinação e, apesar disso, reconhece duas figuras representando o Supremo, revela-se a preocupação descritiva do pensamento aristotélico, sobre o qual viemos a falar no contexto do problema da analogia. Neste último e supremo problema da filosofia prática, confirma-se a cautelosa fórmula do pensamento analógico. Sem ser necessário recorrer aos conteúdos da filosofia teórica, a partir do solo da filosofia prática, é possível fundamentar a prioridade da teoria. A própria prática é a característica oniabrangente da essência humana. Assim sendo, também se faz mister que ainda se entenda a atividade prática como prática mais elevada (*Pol.* 1325b). Aristóteles permanece muito vago, ao explanar esses contextos. Ao final da abordagem da *phrónesis* (*EN* Z 13), justifica que o caráter abrangente da prática hu-

---

para a tradução de ἀρετή, foi sugerida por W. Schadewald. (N. do T.: Para conservar a possibilidade do neologismo, evitou-se utilizar o termo "excelência", que se encontra na tradução brasileira de *Ética a Nicômaco* [trad. Mário da Gama Kury, Editora da UnB, 2001], criando-se o termo "melhoridade", que segue literalmente a construção neológica do termo alemão.)

51. Aristóteles afirma com frequência que tudo o que de alguma maneira é, participa do Divino. Certamente, isso não significa que os ἄλλα ζῷα participam da εὐδαιμονία: *EE* 1217a$_{24}$ – se deixarmos de lado aqueles que κατὰ τὴν ἐπωνυμίαν ἐν τῇ φύσει μετέχει θείου τινός. É claro que esse trecho precisa ser explicado diferentemente do que fora sugerido até agora. O termo ἐπωνυμία está sendo usado aqui de forma expressiva e refere-se àqueles animais atribuídos a uma divindade que, por essa razão, podem ser designados como divinos, como é o caso de um corcel (Homero), um pássaro (p. ex. a águia de Zeus) ou um peixe (será que ele ali estaria pensando no delfim consagrado a Apolo?). Eu, portanto, na explicação do fragmento *EE* 1217a$_{25}$ s., ainda excedo a crítica correta feita por Dirlmeier a Gigon (Dirlmeier, sobre o trecho).

mana não significa uma subordinação da teoria à prática. Mas, certamente, a racionalidade prática é a condição para que se opere teoria e para que racionalidade teórica possa ser desenvolvida. Não obstante, a racionalidade prática também é um algo Supremo – não, ela é o mesmo Supremo que o *noûs* –, ainda que o seja em outra expressão, que não é transformar-se em teoria, mas também uma βελτίστη ἕξις τοῦ ἀληθεύειν.

Com isso, torna-se visível um último ponto comum substancial entre a filosofia platônica e a filosofia prática aristotélica. Baseia-se na relação com o Divino, a partir do qual ambas pensam a natureza finita, condicionada e restrita do ser humano. Aristóteles pode repetir formulações platônicas genuínas, ao tentar descrever a adaptação do ser humano ao Divino. Dele não se pode afirmar aquilo que Hegel reivindicou para si, ou seja, que a própria filosofia tem de exceder seu caráter de ambicionar conhecimento e de tornar-se sabedoria.

Por essa razão, não se pode absolutizar a precedência do ideal teórico de vida ante o político-prático. Afinal de contas, justamente a possibilidade teórica de vida, como Aristóteles tão bem sabe quanto Platão, é restrita e condicionada para o ser humano. Este não pode consagrar-se perseverante e incessantemente ao mero olhar pensativo, já que é, como se sabe, de natureza heterogênea. Mas com isso, do ponto de vista da filosofia prática, a relação dos dois ideais de vida não é do tipo que a perfeita felicidade da vida prática não fosse também um algo Supremo. Aristóteles, por certo, chama-o de δευτέρως, ou seja, é um Segundo-Melhor. Mas também isso é um Melhor, ou seja, uma realização da *eudaimonía*. Afinal, a realização no Ser-Aí puramente teórico não é a completa felicidade dos deuses, se, para os seres humanos, ela é limitada. A felicidade do *noûs* é, em certo sentido, isolada (κεχωρισμένη), ou seja, desprovida de toda e qualquer comparação, e, justamente por esse motivo, a felicidade prática do ser humano não é de segunda classe, mas sim aquilo que cabe ao ser humano quando este, por seu próprio intermédio, pode elevar-se, de vez em quando, à felicidade divina da teoria. Não se lê o mesmo acerca da administração dos reis-filósofos na *Politeía* de Platão?

Eis o resultado obtido no Todo: na verdade, Aristóteles submeteu a doutrina platônica a uma crítica radical, ao fundamentar a questão acerca do Ser nas φύσει ὄντα, e não na generalidade do *eîdos* ou de figurações eidético-matemáticas. Mas, no final, ele não realizou a intenção platônica, ou seja, não a realizou para além de si mesmo? O fato de, no agir humano, "o Bem", de que temos ideia como οὗ ἕνεκα, somente através de nossa razão prática vir a experimentar sua concreção e determinação na *euboulía* da *phrónesis*, e o fato de todo Essente ser "bom", se realizar seu *télos*, pouco foi perdido de vista tanto pelo Platão socrático quanto pelo Aristóteles platônico. Mas o que realmente significa "o Bem" em tal sentido universal, Platão antecipou, apenas simbolicamente, por meio de sua doutrina dos números. Para tanto, Aristóteles criou respostas conceptuais. O termo técnico *entelékheia*, introduzido por Aristóteles, com certeza quer exprimir justamente isto: que o *télos* não é um objetivo pertencente a uma ordem distante da perfeição, mas que ele próprio é cada Essente individual em que o *télos* se realiza, de uma maneira que o Individual contém o *télos*. A metafísica aristotélica não perde isso de vista como seu tema permanente. Ela pensa o Ser do Essente como a autotransmissão do Essente com seu Ser-o-Quê, sua determinação eidética. Tentamos tornar crível que se deve pressupor uma tal transmissão de "Ser" e "Devir", caso a hipótese de ideia em geral deva ter algum sentido. A ideia do Bem e a doutrina dificilmente palpável do Um e do Dois apontam na direção de algo semelhante, embora seja, nos diálogos platônicos, expressa apenas metaforicamente: no jogo do *Parmênides*, na parábola do *Filebo* ou no mito do *Timeu*. No pensamento de Aristóteles, a intenção platônica foi transferida para a linguagem de conceitos filosóficos, a qual se destaca por seu cuidadoso modo de tatear.